四川循环经济研究中心课题资助（课题.

智慧绿色农产品供应链合作机制研究

主　编◎黄　滢（四川农业大学 管理学院）
副主编◎付　磊（西南科技大学 马克思主义学院）
　　　　穆　钰（四川农业大学 管理学院）
参　编◎孙姝萍（四川农业大学 管理学院）
　　　　代劲松（四川农业大学 管理学院）
　　　　孙永康（四川农业大学 管理学院）
　　　　王敦明（四川农业大学 管理学院）
　　　　颜必行（四川农业大学 管理学院）
　　　　李文丽（华中科技大学 公共卫生学院）
　　　　郑思媛（兰州大学 草地农业科技学院）
　　　　杨　炽（四川农业大学 管理学院）

四川大学出版社
SICHUAN UNIVERSITY PRESS

图书在版编目（CIP）数据

智慧绿色农产品供应链合作机制研究 / 黄滢主编．
成都：四川大学出版社，2025.5. -- （经管数学应用丛书）. -- ISBN 978-7-5690-7802-2
Ⅰ. F724.72
中国国家版本馆CIP数据核字第2025L9F140号

书　　名：智慧绿色农产品供应链合作机制研究
　　　　　Zhihui Lüse Nongchanpin Gongyinglian Hezuo Jizhi Yanjiu
主　　编：黄　滢
丛 书 名：经管数学应用丛书

丛书策划：蒋　玙
选题策划：蒋　玙
责任编辑：蒋　玙
责任校对：李　梅
装帧设计：墨创文化
责任印制：李金兰

出版发行：四川大学出版社有限责任公司
　　　　　地址：成都市一环路南一段24号（610065）
　　　　　电话：（028）85408311（发行部）、85400276（总编室）
　　　　　电子邮箱：scupress@vip.163.com
　　　　　网址：https://press.scu.edu.cn
印前制作：四川胜翔数码印务设计有限公司
印刷装订：成都金阳印务有限责任公司

成品尺寸：170 mm×240 mm
印　　张：11.5
字　　数：221千字

版　　次：2025年5月 第1版
印　　次：2025年5月 第1次印刷
定　　价：58.00元

本社图书如有印装质量问题，请联系发行部调换

版权所有　◆　侵权必究

扫码获取数字资源

四川大学出版社
微信公众号

目　录

第一章　概　论 （1）
　第一节　研究背景及研究问题 （1）
　第二节　研究目的及研究意义 （3）
　第三节　国内外研究动态 （6）
　第四节　主要研究内容 （19）
　第五节　研究方法 （20）

第二章　概念界定与理论基础 （22）
　第一节　概念界定 （22）
　第二节　理论基础 （30）

第三章　智慧绿色农产品供应链合作机制驱动因素 （34）
　第一节　内部驱动因素 （34）
　第二节　外部驱动因素 （40）

第四章　智慧绿色农产品供应链主要模式 （45）
　第一节　企业全产业链布局智慧绿色农产品供应链模式 （45）
　第二节　以龙头企业为核心的智慧绿色农产品供应链模式 （49）
　第三节　以专业合作社为核心的智慧绿色农产品供应链模式 （54）
　第四节　以现代农业产业园为核心的智慧绿色农产品供应链模式 （58）
　第五节　以第三方物流公司为核心的智慧绿色农产品供应链模式 （62）
　第六节　以智慧农批市场为核心的智慧绿色农产品供应链模式 （66）
　第七节　以大型连锁超市为核心的智慧绿色农产品供应链模式 （71）
　第八节　以电商平台为核心的智慧绿色农产品供应链模式 （75）
　第九节　以区块链技术为核心的智慧绿色农产品供应链模式 （80）

第五章　国外智慧绿色农产品供应链合作机制案例研究 （84）
　第一节　以跨国企业为核心的智慧绿色农产品供应链合作机制 （84）
　第二节　以技术驱动为核心的智慧绿色农产品供应链合作机制 （91）

第三节　以合作社联盟为核心的智慧绿色农产品供应链合作机制……（98）
　　第四节　以政府项目为核心的智慧绿色农产品供应链合作机制………（104）
　　第五节　以电商平台为主导的智慧绿色农产品供应链合作机制………（111）
　　第六节　以碳中和为目标的智慧绿色农产品供应链合作机制…………（114）

第六章　国内智慧绿色农产品供应链合作机制案例研究………（120）
　　第一节　企业全产业链布局智慧绿色农产品供应链……………………（120）
　　第二节　以龙头企业为核心的智慧绿色农产品供应链…………………（126）
　　第三节　以专业合作社为核心的智慧绿色农产品供应链………………（130）
　　第四节　以现代农业产业园为核心的智慧绿色农产品供应链…………（135）
　　第五节　以智慧农批市场为核心的智慧绿色农产品供应链……………（141）
　　第六节　以电商平台及区块链技术为核心的智慧绿色农产品供应链
　　　　　　………………………………………………………………………（146）

第七章　智慧绿色农产品供应链合作机制效益分析……………（154）
　　第一节　经济效益分析……………………………………………………（154）
　　第二节　社会效益分析……………………………………………………（158）
　　第三节　生态效益分析……………………………………………………（160）

第八章　智慧绿色农产品供应链合作机制的发展策略与建议…（163）
　　第一节　完善信息共享与合作机制………………………………………（163）
　　第二节　促进供应链主体协同发展………………………………………（165）
　　第三节　加强设施建设与技术支持………………………………………（166）

参考文献………………………………………………………………………（168）

第一章 概 论

第一节 研究背景及研究问题

在全球气候变化和资源环境压力日益增大的背景下,农业作为国民经济的基础产业,其可持续发展面临着前所未有的挑战。气候变化导致极端天气事件,如干旱、洪涝、病虫害等灾害频发,对农业生产造成了严重影响,不仅威胁着粮食安全,也加剧了农业生态系统的脆弱性。同时,随着人口增长和城市化进程的加速,农业土地资源日益紧张,水资源短缺问题日益突出,农业污染问题也愈发严重,这些都给农业可持续发展带来了巨大压力。

传统农业供应链模式在效率、环保、信息透明度等方面存在诸多不足,难以满足现代社会对绿色、安全、高效农产品的需求(温艳,2024)。传统农业供应链通常存在信息不对称的问题,导致生产者与消费者之间的信任缺失,农产品质量安全问题频发(何欢等,2025)。此外,传统农业供应链缺乏有效的协调机制,各环节之间信息不畅通,合作效率低下,难以形成协同效应。在环保方面,传统农业供应链往往忽视了对环境的保护,过度使用化肥、农药等农业投入品,导致土壤污染、水体污染等问题日益严重,对生态环境造成了巨大破坏(艾永梅,2019)。

近年来,国家对智慧农业和绿色农产品供应链的发展给予高度重视。中央一号文件等精准锚定其关键地位,强力驱动物联网、大数据、人工智能等信息技术深度融入农业全产业链,涵盖生产、经营、管理、服务各环节,全面激活农业智慧潜能。国家出台了一系列政策措施,鼓励企业加强技术创新,优化供应链管理,推动农业绿色发展。一方面,《绿色食品统计年报》显示,从2013年到2023年,绿色农业产地环境监测面积已从25642.7万亩增长到1.57亿亩,绿色农产品的产品总数从19076个增长到63653个,国内绿色农产品销售额从

3625.2亿元增长到5856.57亿元，企业总数从7696家增长到30047家。① 当前国内绿色农业发展体量巨大，企业数量增多，收益增加，效益提高。另一方面，随着物联网、大数据、云计算等现代信息技术的发展，智慧农业成为推动农业现代化的重要力量。智慧农业通过应用现代信息技术，实现了农业生产的智能化、精准化、高效化，为农业可持续发展提供了新的解决方案；传感器、无人机等物联网设备，可以实时监测农田环境、作物生长状况等信息，为农业生产提供精准的数据支持。同时，智慧农业通过大数据分析，可以优化农业生产管理，提高资源利用效率，降低生产成本。此外，智慧农业还通过云计算等技术，实现了农业信息的共享与协同，提高了农业供应链的透明度和效率（周斌，2018；张堃，2024）。

智慧绿色农产品供应链的环节、要素、维度建设，是提高其智慧化程度的重要路径。通过整合供应链各环节资源，实现农产品从生产到消费全过程的智能化、绿色化、高效化管理，对于提升农产品质量安全、促进农业可持续发展具有重要意义。智慧绿色农产品供应链通过应用现代信息技术，实现了对农产品生产、加工、运输、销售等环节的全程监控和管理，提高了供应链的透明度和可追溯性（李弘等，2024）。同时，智慧绿色农产品供应链还注重环保和可持续发展，通过推广绿色生产技术、优化资源配置等措施，降低农业生产对环境的负面影响，提高了农业资源的利用效率。

但是，在实际操作中智慧绿色农产品供应链的建设仍面临诸多挑战。其一，信息不对称问题依然存在。虽然现代信息技术提高了信息获取的便利性，但由于供应链各环节之间缺乏有效的信息共享机制，导致信息孤岛现象依然严重（范贝贝等，2023）。其二，利益分配不均问题突出。在智慧绿色农产品供应链中，各环节之间的利益分配往往存在不平衡现象，影响了供应链的稳定性和合作效率。此外，合作效率不高也是当前智慧绿色农产品供应链面临的重要问题。由于各环节之间缺乏有效的协调机制，供应链整体响应速度慢、协同效率低（高鹏和孙智君，2021）。

针对上述问题，一些企业在智慧绿色农产品供应链合作机制建设方面进行了积极探索和实践。例如，TW集团利用其在渔业、畜牧业和光伏行业的多重优势，构建"三业一体"智慧绿色供应链，推动了资源的整合和协调发展，形成了一个集生态养殖、绿色能源开发和安全水产品生产为一体的供应链模式。

---

① 中国绿色食品发展中心：《绿色食品统计年报》，http://www.greenfood.agri.cn/ztzl/tjnb/lvsptjnb/。

这些成功案例为智慧绿色农产品供应链的发展提供了有益借鉴。本书旨在通过剖析国内外实行智慧绿色农产品供应链企业的案例，探讨智慧绿色农产品供应链合作机制的不同路径，为国内相关企业发展智慧绿色农产品供应链合作机制提供理论支持和实践参考。

第二节 研究目的及研究意义

一、研究目的

本书通过系统剖析国内外企业在智慧绿色农产品供应链合作机制建设方面的实践活动，深入探索智慧绿色农产品供应链合作机制的构建路径、运作机理和优化策略。本研究旨在探索相关企业实践活动的逻辑，为国内相关企业发展智慧绿色农产品供应链合作机制提供实践和理论支持。研究目的可细化为五个方面。

（一）揭示智慧绿色农产品供应链合作机制的核心要素

智慧绿色农产品供应链合作机制是一个复杂而多维的系统，涉及多个参与主体，包括农户、专业合作社、农业企业、物流公司、经销商、电商平台及其他相关主体。各主体在合作机制中扮演着不同角色，发挥着各自的独特功能。通过对案例的分析，本研究旨在明确这些参与主体在合作机制中的具体角色与作用，挖掘合作机制的核心要素。这些核心要素可能涉及信息共享、利益分配、风险分担和决策协调等方面。其中，信息共享是保障合作机制效率的基础，确保了供应链各环节的协同性；利益分配则是合作机制持续稳定的关键，科学的利益分配机制能激发各参与主体的积极性和创造性，提升效率；风险分担有利于降低单一主体的风险压力，提高供应链的韧性和稳定性；决策协调确保供应链在面对复杂多变的市场环境时能迅速响应，提高供应链运营效率。

（二）探索智慧绿色农产品供应链合作机制建设的理论逻辑

基于供应链管理理论、合作博弈理论、信息经济学等多学科理论，本研究将探索智慧绿色农产品供应链合作机制建设的理论逻辑。这一理论逻辑旨在明确智慧绿色农产品应链合作机制的建设原则、运作规律等，为同类实践活动提供相应理论指引。通过探索理论逻辑和客观规律，本研究为农业供应链管理的理论研究提供新的视角和思路，促进该领域的理论发展。

（三）分析智慧绿色农产品供应链合作机制的运作机理

通过对国内外案例的深入剖析，本研究旨在揭示智慧绿色农产品供应链合作机制的运作逻辑和运作机理。具体而言，本研究将分析供应链合作机制中各要素如何相互影响、相互作用，从而促进供应链提高效率、增加响应性以及增强韧性等。信息共享是供应链合作机制高效运作的基础，有助于减少信息不对称现象，降低交易成本，提高供应链的整体效率。降低交易成本则意味着供应链各环节的运营成本将得到有效控制，从而提高整个供应链的盈利能力。提高供应链效率则意味着农产品从生产到消费的整个流程将更加顺畅和高效，可以更好地满足消费者对高品质农产品的需求。增强供应链韧性则有助于供应链在面对自然灾害、市场波动等不确定性因素时能够迅速做出响应，降低供应链中断风险，保障农产品的稳定供应。

（四）提出智慧绿色农产品供应链合作机制的优化策略

针对当前智慧绿色农产品供应链合作机制存在的问题和不足，本研究将结合案例，提出具有针对性和可操作性的优化策略。这些优化策略可能涉及信息共享、利益分配、风险控制、效率和响应性提升等多个方面。期待这些优化策略能为政府制定相关政策提供决策参考，促进绿色农产品供应链合作机制乃至现代农业的发展。

二、研究意义

本研究旨在通过案例剖析，深入探讨智慧绿色农产品供应链合作机制，为解决当前农业发展面临的问题提供理论支撑和实践参考，具有重要的理论意义和实践意义。

（一）理论意义

1. 拓展供应链管理理论的应用领域

供应链管理理论作为一种高效、系统的管理方法，已经在制造业、零售业等领域得到广泛应用。然而，在技术革新和生态优先的时代背景下，农业领域供应链管理理论的创新还比较匮乏。本研究通过深入探讨智慧绿色农产品供应链合作机制，将智慧绿色供应链合作机制的理论逻辑引入农业领域，为农业供应链管理提供新的理论视角和理论分析工具。

2. 促进多学科理论的交叉融合

智慧绿色农产品供应链合作机制研究涉及供应链管理理论、合作博弈理论、信息经济学等多学科理论，这些理论在各自的学科领域都已有长足的发展，但在现代农业研究中它们的交叉融合还相对较少。本研究通过综合运用这些理论探讨智慧绿色农产品供应链合作机制的构建、运作机理及优化策略，促进多学科理论的交叉融合发展。这种融合也为其他学科理论在农业领域的交叉、综合运用提供了启示。

（二）实践意义

1. 为农业企业提供实践指导

本研究通过对通威等企业案例的分析，提出了智慧绿色农产品供应链合作机制的优化策略。研究中的讨论涉及信息共享、利益分配、风险分担等不同方面，相关农业企业可以根据案例企业的实践经验提升供应链管理水平，降低运营成本，提高供应链效率和响应性，实现可持续发展。

2. 推动农业供应链数字化转型

建设智慧绿色农产品供应链合作机制是农业现代化发展的必然要求。本研究有利于促进农业企业的数字化转型，加强企业供应链的信息共享、优化决策流程、提高供应链透明度，推动农产品供应链向智能化、生态化发展。

3. 促进农业可持续发展和农民增收

智慧绿色农产品供应链合作机制的优化和完善，将有助于提升农产品的质量和安全性，推广绿色生产方式，促进环保技术的应用，优化资源配置，实现农业经济效益、社会效益和生态效益的协调发展，促进农业绿色、高效发展，提高我国农业的国际竞争力和可持续发展能力。同时，该供应链还将有助于推动农产品的品牌化、标准化、规模化发展，提高农产品的品质和安全性，提升农产品的附加值和市场竞争力，促进农民增收。新的供应链要素流动方式能促进农村经济多元化发展和产业融合，释放农村经济发展活力。

4. 为政府制定相关政策提供决策参考

本研究旨在为政府制定相关政策和措施提供决策参考，以推动智慧农业和绿色农产品供应链的发展。例如，加大对智慧农业和绿色供应链管理的投入与支持力度，促进农业科技创新及成果转化；加强农业供应链各环节的合作与协调，优化农业资源配置，提高其利用效率；强化对供应链中农产品的质量与安全监管，提升我国农产品市场竞争力，切实保障消费者权益。

第三节 国内外研究动态

一、农产品供应链研究

供应链概念是美国哈佛商学院迈克尔·波特（Michael Porter，1985）根据价值链理论提出的，当前学界对"供应链"并没有一个统一的定义。有学者认为供应链是指某种产品或服务的上下游企业组合在一起，整合资源，降低成本，最终实现产品的有效供给（Martin Christopher，2011）。也有学者把供应链描述为一个整合过程，认为它超越了传统的物流范畴，包括从原材料到最终用户的整个流程，涉及组织内部和跨组织边界的所有活动（Cooper Martha 等，1997）。总的来说，供应链涉及多环节多主体合作，连接供应商、制造商、分销商、零售商以及最终的客户。在这个系统中，产品从供应商手中产生，经过制造、加工、销售等环节，最终到达消费者手中。学者们倾向于从不同维度探讨供应链的内涵，一般可从三个维度观察供应链：供应商数量、供应商间差异程度和供应商间的相互关系水平。研究发现，供应链复杂性与交易成本正相关，与供应风险呈二次方关系，与供应商响应能力负相关，而与供应商创新呈负二次方关系（Thomas Y. Choi & Daniel，2006）。从供应链的管理角度出发，供应链管理是整合传统业务功能和这些业务功能的策略，在企业和组织管理之间，需要通过一系列协调活动来满足客户需要（Carol J. Robinson & Manoj，2005），从而实现组织的战略目标，提高整个公司的长期绩效（Muysinaliyev & Aktamov，2014）。从产业主体视角看，供应链的中心围绕着企业展开，企业在整个链条中负责对信息的收发和对资金的管理，包括从生产者提供产品到加工者提供附加值再到市场销售，直至产品被消费者获取的这一系列过程（马士华等，2000），其目的是降低成本、提高效率、保障农产品质量安全，并实现供应链上各参与主体的共赢（孙衍林，2008）。

随着消费者对提升农产品质量和保障食品安全需求的不断增长，以及出于全球化进程中农产品提升市场竞争力的需要，人们不断对供应链基础理论进行扩展，在20世纪90年代初，农产品供应链理论应运而生。研究者认为，农产品供应链是一个包含多个环节的复杂网络。它从农业生产资料的供应开始，经过种植/养殖、加工、物流服务，最终将农产品供应到经销商和消费者手中，形成了一个完整的农产品流通链条。这个链条不仅涉及物质的流动，还包括信息流、资金流等的交换，是农业生产和分销过程中不可或缺的一部分（金廷芳，2011；刘秀玲和戴蓬军，2006；游军，2009）。国内外学者针对不同类型的农产品供应链进行了细致的研究，从农产品类型上，可以将供应链区别为生鲜农产品供应链和大宗农产品供应链（赵昱和王鑫山，2024）。生鲜农产品是指肉、蛋、奶、菜、果等与居民生活息息相关的产品，这类产品具有种类繁多、易腐烂、不耐储藏等特点，地域影响极大，运输成本高，对此类农产品供应链进行研究是必要的（但斌和陈军，2008）。目前，对生鲜农产品供应链的研究主要集中在参与主体、冷链运输和市场建设等方面。个体工商户在生鲜农产品供应链中处于主体地位，数量巨大，对整个供应链建设具有巨大影响，但是该群体普遍存在规模较小，抗风险能力弱，用工少，资金缺乏等难题，往往难以实现可持续发展。因此，在生鲜农产品供应链建设过程中要关注个体工商户的生活环境和社会地位，完善他们公共生活保障，使其与城镇居民享有同等的社会待遇，充分发挥他们在供应链中的作用（宋则，2024）。同时，当前农产品市场呈现出动态的发展方式，每一个波动状态都是上一个周期动荡的延续，因此，相关机构对农产品市场动态的控制要避免出现"将功补过式"调整，应根据市场反馈出来的信息与规律进行提前控制，进行逆周期监测（宋则，2013）。生鲜农产品的销售主体可以通过加快生鲜农产品生产基地建设来解决生产与运输问题，如建立"基地＋超市"的供销模式，这不仅能够降低此类农产品的经营成本，还能有效解决因长途运输导致的生鲜农产品不新鲜问题，从而保障其安全质量并稳定价格，缩短农产品物流时间（但斌和陈军，2008；赵群和胡定寰，2009）；销售主体也可以发展零售模式、双渠道模式和O2O（Online To Offline，线上到线下）模式（Yang & Tang，2019）。对于销售地较远、需要长途冷链运输的农产品，长途运输主要面临农产品质量安全和生鲜农产品配送车辆路径两大问题。针对这一情况，需建立大型冷链物流配送中心，并构建产销地冷链物流共同配送联盟（赵秀荣和崔佳，2018）。

学界对大宗农产品供应链的研究主要集中在对供应链发展模式和影响因素

的分析上。我国的大宗农产品供应链发展，需要扶持优势农产品一体化运作，完善农产品流通体系，推动供应链可持续发展（姜大刚，2012）。在农产品国际供应链发展方面，我国应进一步统筹推进农产品贸易与投资一体化，以大型企业为主体，重点考虑与我国外交关系较好且存在物流短板的国家，深化农业投资与开发合作，通过共建"一带一路"建立更为紧密、可持续的投资贸易合作关系，改善当地物流绩效水平，提升产业链实力（茹蕾，2022）。我国学者在结构模型的研究基础上引入了农产品种类作为不确定结构变量，构建了大宗农产品供应链四维网络模型，以便对大宗农产品供应链的主要过程和关系进行分析（冷志杰和唐焕文，2005）。

综上所述，农产品供应链是一个复杂的系统。它以供应链的基础理论为指导，以农产品供应为导向，以促进农业发展为目标，融合多学科多领域、多行业多主体，依赖物流路径和管理科学，推动农业产业与市场健康发展，具有促进现实问题解决的重大意义。

二、绿色农业发展现状研究

"绿色农业"的相关内涵最早出现在西方发达国家，发达国家通过提倡绿色食品、建设绿色食品标识和发放生态标签来鼓励绿色食品发展，也因此获得了较好的社会效益和生态效益（刘伟明，2004）。我国自1992年成立"中国绿色食品发展中心"以后，绿色农业开始逐渐在我国扎根并生长。

当前学者对绿色农业发展阶段的文献研究以2016年为界大致可以分为两个阶段。2016年《中共中央　国务院关于落实发展新理念加快农业现代化实现全面小康目标的若干意见》文件发布，该文件提出持续夯实现代农业基础，提高农业质量效益和竞争力，加强污染治理、资源保护和生态修复，推动农业绿色发展。2016年以前的绿色农业研究多以食品安全、资源利用和污染等问题为切入点（李秀芬等，2010；刘濛，2013），研究绿色农业的一些基本问题。从2016年到现在，绿色农业的研究方向从保障食品安全转变为追求高质量发展（方琳娜等，2021），以推动农业供给侧结构性改革，促进农业农村现代化。

在制度建设方面，国内绿色农业制度建设已经有了长足的发展。自2002年《中华人民共和国农业法》修订以来，农业政策开始强调高产、优质、高效、生态、安全的目标。当前绿色农业政策强调农业的绿色转型，注重低碳安全发展，以政策引导推动技术创新和生态保护。绿色金融政策可以加速农业绿色转型（徐邵文等，2024），但是当前绿色农业发展仍然存在一些有待完善的地方，例如农村信贷和农业保险对绿色农业发展的促进作用并不明显，农业信贷结构呈现"非农化"趋势，信贷资金更多流向非农部门，使得绿色农业信贷资金不足；农业保险种类较少，且多关注农业产量而非质量（张军伟等，2020），因此，相关机构需要继续进行政策创新和改进，以更好地激励农户采纳绿色生产方式。此外，国内虽然初步建立了一些生态产品价值实现机制，但是在确权、核算、评估、交易等方面的政策和制度体系尚不健全，绿色食品、无公害食品、有机食品的认证程序繁杂，并且存在不同部门认定内容不同的情况，认证体系缺乏统一的标准，个别企业甚至利用监管漏洞进行虚假的宣传（王德胜，2016），因此，我国亟待建立健全农业生态价值实现机制，加快出台并细化相关的支持性政策。以科技力量提高农业生产能力、资源利用率和生产效率，优化农产品区域布局，实施品牌战略，培育能力强的经营主体，加强人才培养交流，完善科技项目设计和关键技术研发储备，加强农业对外合作，共同促进了农村经济发展、提高了农村就业水平，促进了农村的可持续发展（郑红梅等，2021；肖放，2021）。

在发展规模方面，我国持续大力培育和推广优良品种，打造了一批优质种粮示范基地，取得了节水抗旱小麦、超级稻等一批重大标志性成果。截至2023年，我国农产品质量安全监测合格率达到97.8%，农作物良种覆盖率超过96%，优质小麦面积占比超过35%；截至2023年，全国绿色、有机、名特优新、地理标志农产品总数达到了7.5万个。[1] 截至2023年底，全国累计建成高标准农田超过10亿亩，其中13个粮食主产省（区）累计建成面积约占全国的七成，体现了我国在农业基础设施建设方面取得的显著进展。[2]《全国高标准农田建设规划（2021—2030年）》提出，到2030年建成12亿亩高标准农田[3]，维护农村社会关系的稳定和国家粮食安全战略。此外，在农业资源利用方面，高标准农田的建设有效提高了土地利用率和农业生产效率。

从绿色农业发展评价和影响因素的研究看，相关研究构建了资源利用、环境影响、生态保育和经济效益的指标体系，分析发现环境影响、资源利用、经济效益三个因素的阻碍作用突出，而生态保育则表现出较强的支撑作用（余永

---

[1] 国家统计局：《农业发展阔步前行 现代农业谱写新篇——新中国75年经济社会发展成就系列报告之二》，https://www.stats.gov.cn/sj/sjjd/202409/t20240910_1956334.html。

[2] 郁琼源：《报告显示：全国累计建成高标准农田超过10亿亩》，https://www.gov.cn/yaowen/liebiao/202409/content_6973512.htm。

[3] 国务院：《国务院关于全国高标准农田建设规划（2021—2030年）的批复》，https://www.gov.cn/zhengce/content/2021-09/16/content_5637565.htm。

琦等，2022）。还有研究从农村金融发展的视角出发，发现信贷和保险对绿色农业发展影响不显著，价格支持会促进绿色农业发展，而农业补贴却具有反作用，此外种植类型的不同也会影响绿色农业技术采纳（张军伟等，2020）。还有研究从全要素生产率分析绿色农业发展水平，主要对土地投入农作物总播种面积、劳动力投入种植业总劳动力、役畜投入大牲畜数量、机械动力投入农业机械总动力、灌溉投入实际有效灌溉面积、农药与农膜投入使用量、化肥施用量和折纯量等进行测算，指出 2000—2017 年农业绿色全要素生产率不断提升，我国农业绿色发展成效显著（崔瑜等 2021；杨骞，2019）。

三、智慧农业供应链发展研究

在科技发展与农业现代化需求的双重驱动下，智慧农业成为全球农业研究领域的核心议题。智慧农业借助物联网、大数据、人工智能、智能农机装备等前沿技术，为农业注入智慧基因，驱动农业生产经营模式革新。国内外学者从多元视角对智慧农业进行深入探索，已积累了一定的智慧农业供应链研究基础。

（一）智慧农业的发展应用和政策作用

智慧农业的应用发展呈现出不同的方向和领域。在精准农业领域，物联网传感器网络实时监测农田温湿度、土壤养分、光照强度等参数，通过大数据分析与智能决策系统，精准调控灌溉、施肥、施药作业，实现农业资源高效利用与环境友好生产（陈政等，2024）；农产品电商借助大数据精准剖析市场需求、价格波动及消费者偏好，优化供应链管理与精准营销，提升农产品市场流通效率与价值实现能力；农业大数据平台整合涉农数据资源，为政府农业政策制定、资源配置优化、灾害预警防控提供坚实的数据支撑与精准的决策依据。

我国不同地区依循自身农业资源禀赋与经济社会特点发展智慧农业，但也存在一些困境与问题。山东推进农业设施智能化升级，智能温室集群广泛应用智能温控、自动灌溉、无土栽培技术，精准调控温湿度、光照、营养液供给，实现农产品周年稳定供应与品质跃升，寿光蔬菜产业借力智慧农业成为全国标杆；河南发挥粮食主产地优势，大规模推广智能农机装备与农业大数据平台的应用，促进农机信息化管理系统与农业大数据平台深度融合，实现农机精准调度、作业质量监控、农田信息实时采集分析，提升粮食生产全程精准管理与高效调度能力，巩固粮食安全根基（张世奇等，2024）；四川聚焦特色农业产业数字化转型，凭借物联网、区块链技术构建特色农产品质量追溯体系与精准营销平台，显著提升"川字号"特色农产品品牌价值与市场竞争力，拓展产业增值空间，眉山水果、雅安茶叶产业借助智慧农业焕发生机与活力（吴振东，2024）；湖南依循"一中心三基地三示范区"战略稳步推进数字乡村建设，农业生产基础设施显著改善、现代农业经营体系渐趋壮大、智慧农业成果初步彰显，但仍存在规划系统性欠缺、人才短缺、基础设施滞后、科研投入微薄、品牌建设乏力问题（彭汉艮，2024）；湖北智慧农业发展面临规划统筹性不足、区域基建失衡、技术研发应用深度和广度不足、智能农机装备使用率低、复合型人才稀缺、资金保障不稳定等挑战；山西智慧农业发展存在规模偏小、发展步伐迟缓，技术应用分散孤立、产业集群效应未显现，农业产业链数字化整合度低、附加值挖掘浅等问题（周俊阳，2024）。

政府可使用不同政策手段促进智慧农业发展。根据相关学者的研究，智能农业技术如自动化拖拉机、人工智能、自动灌溉和天气预报等为应对全球城市化、人口增长和气候变化带来的粮食生产压力提供了现实解决方案，因此，国家应运用相关政策推动智慧农业发展，以应对挑战。但有学者指出，智慧农业虽可整合多种技术提升农业生产效率，但仍面临安全性能较低等问题，未来政府需重点保障数据可用性与准确性，加强信息安全防护以构建稳健的系统，这也强调了政策在引导技术安全发展方面的重要性。财政补贴可降低智慧农业技术装备购置成本、激发经营主体应用智慧农业技术装备的积极性，税收优惠可减轻企业负担、提升企业创新投入能力，金融支持可拓宽企业融资渠道、化解资金瓶颈。然而，政策落地成效存在差异。由于经济欠发达地区财政资源匮乏、技术应用成本高昂，政府补贴资金难以及时足额到位、先进农业技术推广举步维艰；政策协同性欠佳，部门间职责交叉、沟通协调不畅，农业科技研发项目管理分散、资源配置低效，这些都会削弱政策作用的发挥，延缓智慧农业整体推进节奏（王怀鹏等，2024）。

（二）智慧农业供应链合作

物联网、大数据、人工智能等信息技术深度嵌入农业产业链各环节，全方位重塑农业生产经营模式，为农业现代化注入强劲动力。在种植环节，物联网传感器网络实时精准采集土壤温湿度、养分含量、光照强度及作物生理指标，大数据分析与人工智能模型驱动智能灌溉、精准施肥、病虫害智能预警防控精准实施，大幅减少资源浪费与环境污染、显著提升农产品产量质量（吴宗钒等，2024）；加工环节，自动化智能加工设备依据农产品品质特性精准调控加工参数，大数据追溯系统全程监控保障产品质量安全与品质一致性；仓储物流环节，智能仓储设施凭借温湿度传感器与自动化调控系统精准保鲜农产品，物联网与物流信息技术协同实现农产品运输全程可视化监控与智能调度，有效降低损耗、提升物流效率（肖晨薇，2024）。但农业产业链各环节信息系统集成难度高、协同效率低下，严重制约智慧农业整体效能发挥。

在智慧农业供应链环节合作不断发展的基础上，智慧农业供应链地区合作也进一步深化。长三角地区倾力打造农业科技创新走廊，深度整合区域内高校、科研机构、龙头企业等创新资源，构建协同创新生态体系，在农业人工智能芯片研发领域取得关键突破，大幅提升农业智能装备核心算力与智能化水平（张琛等，2024）；智慧农业无人系统集成创新成效斐然，无人机植保、无人农场作业模式被广泛应用，实现了农业生产全流程的无人化作业；农业大数据与金融深度融合，创新农业供应链金融服务模式，依托农产品大数据精准评估风险、优化信贷流程，有效缓解农业经营主体融资难题（朱军保，2024）。珠三角地区充分发挥市场与资本优势，大力发展都市智慧农业，深度融合农业科技展示、农事体验、生态观光元素，借虚拟现实（VR）、增强现实（AR）技术打造沉浸式农业科技体验园，提升市民的农业科技认知与参与度（杨凤，2024）；农业大数据精准剖析城市居民消费需求，创新"订单式农业＋社区配送""农业新零售"模式，实现农产品从田间到餐桌的高效直供；深度挖掘农业生态景观，精心打造集休闲度假、科普教育、文化传承于一体的田园综合体，塑造城乡融合发展典范（彭英华，2023）。

（三）智慧农业供应链合作的问题与挑战

智慧农业技术创新环节自主创新能力薄弱，是供应链合作机制发展的瓶颈。农业科技研发周期长、风险高、资金需求大，企业研发投入积极性较易受挫；而政府科研投入多集中于少数领域或大型科研项目，产学研用协同创新机制不完善，使科研成果转化受阻。高校科研成果存在与市场需求脱节的状况，中试环节薄弱，大量科研成果闲置浪费。同时，关键技术瓶颈制约产业升级，我国需提升自主创新能力和成果转化效率，掌握产业发展主动权（崔宝花，2023）。

部分中西部地区和欠发达地区智慧农业供应链合作协同机制发展受经济基础、科技水平、人才储备等因素制约，面临严峻挑战。基础设施薄弱是技术应用受阻的关键因素。部分农村地区存在网络通信设施覆盖不足、带宽低、信号稳定性差等问题，严重限制农业物联网数据传输与智能设备远程控制；而农田水利设施老旧、智能化改造滞后则难以支撑精准灌溉、智能水肥一体化技术的应用；道路物流设施不完善，则会使农产品运输损耗大、物流成本高，阻碍智慧农业产业市场拓展（金成国等，2023）。人才外流加剧了技术应用与推广的困境，而教育资源相对匮乏导致农业科技人才培养能力薄弱。本土人才大量流向东部发达地区寻求发展机遇，同时人才引入难度较大——由于经济待遇、科研环境和发展空间的限制，难以吸引外部高端人才扎根，致使智慧农业技术创新应用缺乏人才支撑（李崇光，2023）。资金短缺严重延缓了产业发展步伐，由于财政收入有限，农业科技投入不足，导致智慧农业项目补贴、贷款贴息等政策难以有效落地实施。同时，金融支持力度较弱，农业经营主体普遍面临抵押物不足、信用评级较低等问题，使得金融机构放贷态度谨慎。此外，社会资本因投资回报周期长、风险高而参与意愿低迷（金欢庆和热孜燕·瓦卡斯，2023），这些因素共同阻碍了智慧农业供应链的合作与发展。

四、智慧绿色农产品供应链合作机制研究

智慧绿色农产品供应链合作机制作为现代农业发展的关键领域，近年来受到广泛关注。随着科技飞速发展和消费者对农产品品质与安全要求的日益提升，构建高效、可持续的农产品供应链合作机制已成为推动农业现代化的重要任务。众多学者从不同角度对其展开深入研究，致力于揭示供应链各环节间的协同机制、影响因素及优化策略。

（一）智慧绿色农产品供应链合作机制的理论基础

1. 供应链管理理论

供应链管理理论强调通过整合供应链各环节的资源和活动实现协同运作，从而提升整体效率和响应能力。该理论要求节点企业间建立紧密协作关系，通过信息共享实现农产品从生产到销售的全流程优化管理。以农产品生产环节为例，供应商、农户和生产企业需要共同决策种植品种、规模及生产计划，确保农产品供应与市场需求匹配，有效避免生产过剩或供应短缺的情况发生（赵晓飞和鲁楠，2021）。在物流配送环节，物流企业需与上下游企业紧密协作，合理规划运输路线，降低运输成本，提高配送效率。针对芜湖市智慧农业发展的研究表明，农产品物流企业通过供应链管理能够与供应商、零售商实现库存信息实时共享，从而及时调整配送计划，有效保障农产品在运输过程中的新鲜度和品质（肖晨薇，2024）。在销售环节，零售商应与供应商及生产企业保持畅通的信息沟通渠道，精确反馈市场需求，推动产品创新与改进。这种协同模式

最终形成了供应链各环节间的有效合作机制。

Kyagante等（2024）研究了信息集成在乌干达农产品加工企业中的中介效应，其研究强调了信息集成对增强供应链弹性的重要作用，为智慧绿色农产品供应链应对不确定性和风险提供了理论参考。Asif Arshad Ali和Asif Mahmood（2023）探讨了供应链整合与产品创新能力对可持续运营绩效的驱动机制，指出农产品供应链中整合与创新能力的提升是实现可持续发展目标的有效途径。研究表明，通过应用供应链管理理论，智慧绿色农产品供应链能够促进各环节的协同合作，从而显著提升供应链的整体价值、运行效率和响应能力。

2. 信息管理理论

信息是供应链的核心驱动要素，信息管理理论为智慧绿色农产品供应链的数据处理和决策支持提供了有效方法。彭汉艮（2024）在研究江苏智慧农业发展时指出，借助信息管理理论，企业可通过物联网、大数据等技术采集农产品生产过程中的环境参数、生长指标以及市场需求和价格数据。吴宗钒等学者（2024）的研究进一步表明，通过对这些多维数据的深度分析和挖掘，企业可以及时掌握农产品生长动态，预测市场走向，为企业经营决策提供科学依据。具体而言，农产品加工企业基于大数据分析可优化生产过程，改进库存策略，有效规避库存过剩或供应不足导致的经济损失。在供应链各环节之间，信息管理理论可指导企业建立高效的信息共享平台，实现信息的实时传递和共享（肖晨薇，2024）。电商平台通过整合农产品供应商与消费者的供需信息，有效打破市场信息壁垒，为供需双方提供精准的市场数据，从而促进农产品市场的供需平衡（李照青和杨建春，2024）。Sara Toniolo等（2024）基于产品全生命周期视角，深入研究了信息管理理论在生鲜食品供应链中的应用价值。研究表明，在从生产源头到终端消费的各个环节中，通过实现组织内部及组织间的信息有效整合与共享，能够显著优化供应链整体运作流程，在降低资源浪费的同时提升运营效率等。

3. 可持续发展理论

可持续发展理论强调在发展经济的同时，注重环境保护和社会公平，实现经济、环境和社会的协调发展。在绿色农产品供应链领域，该理论的应用主要体现在以下方面：在环境保护方面，傅岭梅（2017）关于渠道权力、供应链整合与质量绩效的研究表明，企业应推行绿色种植技术，通过减少农药化肥使用来降低农业面源污染。Roshani Alireza 等（2024）针对制药供应链网络设计的研究，创新性地将可持续发展三重底线原则（经济、环境、社会）与弹性策略及产品易腐性特征相结合，为智慧绿色农产品供应链应对同类问题提供了新视角。Mirzagoltabar Hadi 等（2023）通过构建稳健的模糊优化模型，探索了可持续闭环供应链与新产品开发的协同机制，其研究成果不仅为农产品供应链的循环经济模式奠定理论基础，更为智慧绿色农产品供应链在资源回收利用、产品创新和可持续发展等方面提供了指引。

（二）智慧绿色农产品供应链合作机制的驱动因素

1. 消费者需求的转变

现代消费者对农产品品质与安全的关注度持续提升。赵春江（2024）的研究表明，当前消费者在选购农产品时更加关注产地环境、种养过程及农药残留等因素，对绿色有机农产品的需求呈现稳定增长态势。这一消费趋势的转变推动农产品供应链各环节强化质量管控体系。关于智慧农业在马铃薯生产中的应用研究显示，为满足市场对高品质马铃薯的需求，生产企业普遍采用智能监测技术，对土壤肥力、水分及病虫害状况进行实时监控，确保种植环境符合绿色标准，从而有效提升产品品质。值得注意的是，消费者对农产品可追溯性的需求日益凸显。消费者期望通过追溯系统获取农产品从生产到销售的全链条信息，包括种植、加工、运输等各环节数据。这一需求正促使供应链各主体加强信息协同，构建完善的追溯体系，以提升消费者对产品质量安全的信任度。

当前，消费者对农产品的个性化与多样化需求显著增长。现代消费者已不再满足于传统标准化农产品，而是基于个人健康需求、口味偏好及生活方式等因素，对农产品提出个性化定制要求。这一趋势要求农产品供应链必须提升运营灵活性和市场响应速度。研究表明，大数据分析技术在满足个性化需求方面具有关键作用。

2. 技术创新的推动

物联网、人工智能等技术的快速发展正推动农产品供应链向智能化方向快速演进。学者关于新疆智能农机发展的研究表明，在农业生产设备、仓储设施及运输车辆上部署传感器网络，可以实现对农产品生产、储存和运输全过程的实时数据采集与远程监控。研究发现，人工智能图像识别技术在农产品外观品质检测和病虫害识别方面具有突出优势，显著提升了检测精度和工作效率。这些技术创新有效促进了供应链各环节的协同合作。肖晨薇（2024）强调，基于物联网和大数据技术构建的信息共享平台，实现了生产、库存、销售等关键信息的实时互通。供应链各参与方通过及时掌握上下游动态，能够更精准地协调生产、物流和销售等环节，大幅提升整体协同效率。供应商可依据零售终端数据动态调整生产计划，物流企业能根据产销进度优化配送方案，从而实现供应链全流程的高效衔接与协同运作。

3. 政策法规与行业竞争的影响

政府通过政策法规的制定与实施，为智慧绿色农产品供应链的发展提供了重要引导和支持。陈政等（2024）对湖南省智慧农业的研究显示，政府在农业数字化转型、农村电商培育以及智慧农业示范项目建设等方面提供的政策支持和财政补贴，显著推动了当地智慧农业的发展进程。吴振东（2024）在分析衢州市智慧农业时指出，政府推行的严格农产品质量标准和绿色生产规范，促使企业强化生产管理，广泛采用环保技术和可降解包装材料，不仅有效降低了农业污染排放，更切实保障了农产品质量安全水平。

在激烈的市场竞争中，企业为获取竞争优势正积极通过供应链合作提升竞争力。刘楹楹（2024）关于电商产业集聚对农产品供应链整合影响的研究表明，电商企业通过集聚发展模式整合上下游资源，实现规模经济与协同效应，显著增强了农产品供应链的整体竞争力。电商产业集聚区内的企业可共享物流设施与信息平台等资源，有效降低运营成本；同时通过联合营销与品牌建设，提升农产品市场认知度与销量，从而强化企业市场竞争力。赵晓飞和卢楠（2021）在探究农产品供应链整合对公司绩效影响时发现，农产品加工企业与优质供应商建立长期稳定合作关系，能够保障原材料质量与供应稳定性。

（三）智慧绿色农产品供应链合作机制的模式创新

1. 电商平台驱动的合作模式

电商平台作为智慧绿色农产品供应链的重要连接角色，发挥着重要的信息整合与传播作用。刘楹楹（2024）的研究表明，电商平台通过整合大量农产品供应商和消费者资源，有效突破了传统供应链的地域局限和信息障碍，不仅为生产者开拓了更广阔的市场空间，还显著降低了销售成本。李照青等（2024）在探讨数字普惠金融对农产品供应链整合的影响时发现，电商平台基于对消费者购买频率、偏好及地域分布等多维度数据的深度分析，能够准确预测市场需求变化趋势。这一功能为农产品生产者的科学决策提供了可靠依据，有效防止了盲目生产现象的发生。

电商平台创新性地优化了农产品供应链上下游的合作模式。周文超和李英毅（2024）在研究农村电商对农产品供应链整合的影响时发现，部分平台采用"基地直采"模式，通过减少中间流通环节，与农产品生产基地建立了稳定的直接合作关系。刘宇光（2024）的研究进一步指出，电商平台通常会综合考量订单分布、产品特性和物流成本等因素，通过与多家物流服务商建立合作，实现最优配送方案选择。

2. 全渠道模式下的供应链合作创新

全渠道模式通过线上线下渠道的深度整合，为消费者打造无缝衔接的购物体验。赵晓飞（2022）关于全渠道模式下农产品供应链整合的研究表明，该模式允许消费者在实体店体验产品后，通过线上下单配送，或在线上了解产品信息后选择线下自提与售后服务，有效结合了线下体验与线上便利的双重优势，显著提升了消费便利度和满意度。全渠道模式实现了客户资源与销售数据的全面整合。李明和赵晓飞（2022）通过对比传统渠道模式和全渠道模式发现，企业基于全渠道销售数据的深度挖掘，能够精准把握消费者行为特征与偏好，从而提供个性化的产品推荐和定制化的促销方案。

全渠道模式下的供应链合作需要在组织、资源和信息等多个维度实现深度整合。马鑫和赵晓飞（2023）基于农产品供应链的案例分析指出，企业应当以消费者需求为导向，借助信息技术构建供应链联盟实现组织协同，并通过差异化供应链设计完成资源整合。赵晓飞（2022）的研究进一步强调，信息共享与协同决策是全渠道供应链合作的核心要素。企业需要建立完善的信息互通机制，确保线上线下渠道数据实时同步，同时构建科学的协同决策体系，使供应链各参与方能够共同制订生产计划、库存管理和营销策略等重要决策。

3. 跨境农产品供应链合作的特殊模式

跨境农产品供应链面临诸多复杂挑战，促使企业不断探索创新解决方案。晋聪聪（2023）对广西—东盟跨境农产品供应链的研究表明，高昂的物流成本、漫长的运输周期以及烦琐的通关程序是跨境农产品供应链的主要障碍。跨境运输过程中的多次装卸和检疫检验不仅增加了农产品损耗率，还提高了其变质风险。加之各国质量标准和监管政策的差异，进一步推高了企业的合规成本和市场风险。汇率波动、政治风险等因素也会对跨境农产品供应链产生重大影响，张益丰（2021）关于"保险＋期货"模式的研究指出，汇率波动可能导致农产品进口成本上升或出口利润下降。邓楠和马丁丑（2023）建议，企业可以通过建立跨境电商平台直接连接国内外供应商和消费者，减少中间环节，降低成本。马鑫和赵晓飞（2023）提出企业可与国外供应商、物流企业、贸易商等建立战略合作伙伴关系，共同应对跨境供应链风险。

五、农产品供应链相关研究文献述评

农产品供应链管理在现代农业发展中的重要性日益凸显。现有研究从多维度展开深入探讨，相关学术成果丰硕，但在研究广度和深度上仍存在进一步拓展的空间。

（一）研究成果与贡献

学者对农产品供应链的内涵、结构和驱动因素进行了系统研究，为相关理论体系建设奠定了重要基础。研究通过扩展和界定供应链概念，明确了其多环节、多主体协同的复杂特征；基于理论视角，深入分析了驱动因素对供应链复杂性的影响机制，构建了具有指导价值的研究框架；通过对生鲜农产品供应链和大宗农产品供应链等供应链类型的细化研究，进一步完善了理论体系，为深入把握不同品类农产品供应链的运行规律提供了理论支撑。

学者对智慧农业与绿色农业供应链的研究主要聚焦以下几个维度：对智慧农业的研究涵盖政策环境分析、技术创新与应用实践以及发展挑战与应对策略；在绿色农业方面，则重点关注发展现状评估、污染防治措施及农村发展促进等议题，着重探讨可持续发展理念在供应链中的实践应用。相关研究还创新性地提出了电商平台驱动、全渠道运营及跨境供应链协作等多元化合作模式，为农业经营主体提供了丰富的实践路径选择。

（二）研究不足

当前研究仍存在一定局限性。多数研究建立在静态环境假设基础上，对农产品供应链在动态环境中的适应机制探讨不足。实际上，市场需求的波动性、技术迭代的快速性以及政策法规的变动性等因素持续演变，而现有研究未能系统考察这些动态因素对供应链合作机制的长期影响及相应调整需求。例如，缺乏对技术革新背景下供应链合作策略适应性调整的研究，对市场需求突变情境下供应链的快速响应与资源优化机制探讨不够深入。针对供应链应对外部突发冲击（包括自然灾害、公共卫生危机及贸易争端等）的动态调整与恢复能力的

研究仍显薄弱，亟待加强。

农产品供应链研究涉及多个学科领域，但现有研究在跨学科整合方面存在不足。现有研究在理论框架和方法论融合方面存在明显缺陷，制约了研究成果解决实际复杂问题的有效性。例如，在评估智慧农业技术对环境影响的议题上，未能充分整合环境科学的量化评估模型，导致绿色发展效果分析缺乏精确性；在供应链合作策略制定过程中，对管理学、经济学和社会学等多维因素的考量不足，削弱了策略的系统性和可操作性。同时，跨学科研究团队间合作不够紧密，限制了研究的深度和广度。就案例研究而言，部分研究存在样本代表性不足或分析深度不够的问题，影响了研究成果的指导价值。

第四节　主要研究内容

本研究聚焦智慧绿色农产品供应链合作机制，研究核心在于探索供应链搭建路径、构建与完善其理论框架、深度剖析其运作机理，进而提出优化策略及实践应用与政策建议。

一、探索供应链搭建路径

本研究深入分析智慧绿色农产品供应链各参与主体在合作机制中的角色定位与功能作用，如农户、专业合作社、农业企业、物流服务商、经销商、电商平台、金融机构及终端消费者等多元主体；通过系统梳理信息共享机制、利益分配模式、风险分担体系以及协同决策流程等核心要素的互动关系，揭示其对优化智慧绿色农产品供应链合作效率的意义。

二、构建与完善理论框架

本研究基于供应链管理理论、合作博弈理论和信息经济学等多学科理论框架，构建智慧绿色农产品供应链合作机制的理论体系；通过系统阐释合作机制的构建原则、运行机理及优化路径，为相关研究提供理论基础，以拓展供应链管理理论在农业领域的应用范围，促进多学科理论的交叉融合与创新发展。

三、深度剖析运作机理

本研究以案例研究为切入点，深入分析合作机制对供应的影响：信息共享机制如何有效缓解信息不对称问题并优化决策流程，各类降低交易成本的具体策略与实践成效，不同协同运作模式对提升供应链运行效率的作用机制，供应链韧性建设中的风险应对措施与实施效果。

四、供应链系统优化策略

本研究基于现存问题分析与典型案例研究，提出系统化的合作机制优化方案：构建高效信息共享平台以强化信息透明度，设计科学合理的利益分配契约机制，建立完善的风险预警与应对体系，优化决策流程与模型提升决策效率。通过协同优化，实现智慧绿色农产品供应链合作机制的持续改进与完善。

五、实践应用与政策建议

本研究通过系统分析国内外智慧绿色农产品供应链典型案例，提炼不同合作模式的成功经验与实践启示，为供应链运作提供可操作的指导方案，有效支持合作机制的构建与优化。同时，基于研究发现为政府部门提供政策建议，推动智慧绿色农产品供应链合作机制的创新与完善，从而提升农业产业可持续发展水平。

第五节　研究方法

一、文献研究法

通过系统检索和整理国内外农产品供应链、绿色农业、智慧农业及智慧绿色农产品供应链合作机制等领域的相关文献，本研究对现有研究成果进行了全面梳理和深入分析，以准确把握该领域的研究现状和发展动态。这一文献研究工作不仅为本研究奠定了坚实的理论基础，明确了研究重点和创新方向，还有效避免了重复性研究，为后续研究的顺利开展提供了重要的理论依据和方法指导。

二、案例研究法

本研究选取国外典型智慧绿色农产品供应链案例，重点考察跨国企业合作、技术创新驱动、合作社联盟、政府主导项目、电商平台运营及可持续发展导向等多元合作模式。同时，系统分析国内典型案例，包括全产业链企业整合、龙头企业带动、专业合作社联合、农产品产业园区协同、冷链物流体系构建、市场渠道拓展以及电商平台主导等多样化合作路径。通过对比研究，为智慧绿色农产品供应链合作机制的优化提供实践参考。

三、比较分析法

本研究采用系统比较分析方法，从三个维度对智慧绿色农产品供应链模式进行深入对比：国内外案例对比，不同核心主体模式对比，不同发展目标模式对比。在研究中，重点比较各模式在供应链结构设计、合作机制构建、运作效率表现和综合效益水平等方面的异同，深入探讨影响供应链模式选择与发展的关键因素。通过比较分析，总结各类模式的优势与局限，为智慧绿色农产品供应链合作机制的创新优化和模式选择提供科学依据，推动供应链整体优化与可持续发展。

第二章　概念界定与理论基础

第一节　概念界定

一、智慧绿色农产品

智慧绿色农产品是一个综合性的概念，它融合了智慧农业技术和绿色生态理念，指通过现代信息技术和智慧管理实现农产品的绿色、高质、高效和可持续生产。这一概念不仅涵盖农产品的生产全过程，还强调其在环境保护、食品安全、资源节约和可持续发展方面的重要作用。通过智慧绿色农产品的生产和推广，不仅可以提高农产品的品质和产量，还可以保护生态环境、节约资源、降低能耗和增加社会效益，实现农业与环境的协调发展。推广智慧绿色农产品对推动农业高质量发展、促进农村经济可持续发展具有重要意义。

（一）农业生产过程中现代信息技术的应用

智慧绿色农产品强调在农业生产过程中现代信息技术的应用。在农产品的生产过程中，物联网、大数据、人工智能等现代技术发挥着至关重要的作用。生产者通过传感器、无人机等物联网设备，可以实时监测农田环境、作物生长状况等信息（李子君等，2024）。传感器技术能够实时监测土壤湿度、养分状况及环境气候等关键参数，为精准灌溉、科学施肥等农业生产活动提供数据支撑和决策依据；通过无人机航拍与作物监测技术，生产者能够快速识别病虫害侵染区域和作物生长异常情况，实现精准防控与科学管理。大数据分析则能够帮助农业企业优化生产管理，提高资源利用效率，降低生产成本，同时通过对历史数据和实时数据的综合分析，可以预测市场需求、优化生产计划、调整库存策略等，实现生产管理的精细化和智能化。在农业生产中深度应用人工智能技术，可以显著提升农业生产效率。例如通过算法分析作物生长数据，预测作物产量和品质，为生产者提供科学的种植建议；通过智能设备进行作物采摘和包装，可以提高采摘效率。

（二）生产过程融合绿色生态理念

智慧绿色农产品的生产遵循自然规律与生态平衡原则，采用环境友好型生产方式与材料。例如，运用生物防治技术取代化学农药，有效降低农药残留对生态环境和人体健康的影响；以有机肥料替代化学肥料，提升土壤肥力并改善农产品品质。

智慧绿色农产品注重农产品的可追溯性，通过区块链等技术手段记录农产品的生产、加工、运输和销售全过程，确保农产品的安全性和品质。消费者可以通过扫描农产品上的二维码或输入相关信息，查询农产品的生产过程和质量检测报告，从而更加放心地购买和消费。这不仅可保护生态环境，还可提高农产品的市场竞争力和消费者信任度。

智慧绿色农产品强调可持续发展。在农业生产过程中，智慧绿色农产品注重资源的节约和高效利用，降低能耗和排放。通过优化农业生产结构，提高资源利用效率，实现农业生产的可持续发展。例如，通过轮作休耕、间作套种等农业生态工程，改善土壤结构，提高土壤肥力，减少化肥和农药的使用量；通过推广节水灌溉技术、精准施肥技术等措施，降低水资源和肥料的消耗。

智慧绿色农产品还积极推动农产品的绿色消费，增强消费者的环保意识和健康意识。如通过电商平台和线下体验店等渠道推广绿色农产品，引导消费者选择环保、健康的食品；通过与餐饮企业合作，推广绿色餐饮理念，减少食物浪费和环境污染。通过倡导绿色生活方式和推动绿色供应链的发展，智慧绿色农产品为农业与环境的协调发展作出了积极贡献。

智慧绿色农产品是一个融合智慧农业技术和绿色生态理念的综合性概念。它强调农业生产过程中信息技术的应用、绿色生态理念的贯彻和农业可持续发展的实现。

二、智慧绿色农业企业

智慧绿色农业企业是指那些将现代信息技术和绿色生态理念深度融入农业生产经营活动，致力于实现农业生产智能化、绿色化、高效化和可持续发展的企业（李惠等，2023）。智慧绿色农业企业是现代农业企业的重要发展方向，通过深度融合现代信息技术和绿色生态理念，为农业企业和农业产业的转型升级和高质量发展提供了强力支撑。智慧绿色农业企业主要具有以下几个方面的特点。

(一) 信息技术深度融合

智慧绿色农业企业充分利用现代信息技术，对农业生产过程进行精准监控和管理。例如，通过物联网技术，实时采集农田环境、作物生长等数据，为农业优化管理提供数据支持；通过大数据分析，优化种植方案，提高农业生产效率和资源利用效率；通过云计算技术，实现农业生产数据的存储、处理和分析，为农业决策提供科学依据；通过人工智能技术，实现农业生产的智能化决策和管理，如智能灌溉、智能施肥、智能病虫害防治等。

(二) 绿色生态理念贯穿生产始终

智慧绿色农业企业坚持绿色生态理念，注重农业生产的环保性和可持续性。在生产过程中，采用生物防治、有机肥料等环保措施，减少化学农药和化肥的使用，保护土壤和水资源，维护生态平衡。同时注重农产品的可追溯性，通过信息技术手段记录农产品的生产、加工、运输和销售全过程，确保农产品的高质和安全。

(三) 高效化与智能化并重

智慧绿色农业企业通过技术创新和管理优化，实现农业生产的高效化和智能化。利用智能设备和自动化系统，实现农业生产的精准作业和无人化管理，降低人工成本和时间成本，同时通过智能化决策支持系统，实现农业生产过程的实时监控和动态调整，提高生产效率和产品质量。

(四) 坚持可持续发展战略

智慧绿色农业企业注重农业生产的可持续发展，通过优化农业生产结构、提高资源利用效率、降低能耗和排放等措施，实现农业生产的绿色化、低碳化和循环化；积极推动农产品的绿色消费和循环利用，提高农业产业的整体效益和可持续发展能力。

(五) 创新驱动发展

智慧绿色农业企业注重技术创新和模式创新，通过自主研发、合作研发等方式，不断推出新技术、新产品和新模式，推动农业产业向更高层次发展；加强与高校、科研机构等的合作与交流，促进产学研用深度融合，提升企业的创新能力和核心竞争力。

智慧绿色农业企业有助于提高农业生产效率和资源利用效率，降低生产成本和环境污染，实现农业生产的绿色化、低碳化和循环化，推动农业产业的转型升级和农业经济可持续发展。随着市场需求不断增长、政策支持力度加大以及国际合作与交流日益频繁，智慧绿色农业企业迎来了前所未有的发展机遇。与此同时，智慧绿色农业企业的发展也面临着一些挑战，如技术创新难度大、资金投入高、市场认知度低等。智慧绿色农业企业需要不断深化供应链协同与合作，提高自身的核心竞争力，抓住机遇，应对挑战。

三、农产品供应链

（一）农产品供应链的内涵

农产品供应链是一个复杂而多维的概念，涵盖农产品生产、加工、运输、分销到最终消费的全过程，涉及农户、制造商、分销商、零售商及最终消费者等多个参与主体。在这一链条中，资金流、信息流和物流的协同管理至关重要，它们共同构成了农产品供应链的核心。

农产品供应链的核心机理在于以核心企业为中心的交易制度的不断演变和改进。这些核心企业通常拥有较强的资源整合能力和市场影响力，能够通过优化供应链管理，提高整体交易效率和效益，最终实现供应链整体利益的最大化。农产品供应链强调横向一体化管理，即供应链上的节点企业形成合作伙伴关系，通过发挥各自的核心能力来实现优势互补（范贝贝等，2023）。在农产品供应链中，核心企业不仅负责农产品的采购、加工和销售，还承担着协调供应链上各参与主体关系、推动供应链创新和优化的重要职责。这种管理模式打破了传统上下游企业之间单一的买卖关系，促进了供应链上各参与主体之间的紧密合作和协同作业。通过信息共享、风险共担和利益共享等机制，农产品供应链能够更有效地应对市场变化和不确定性风险。

农产品供应链本质上是一个由多个子系统构成的复杂系统。其中，生产与控制系统负责农产品的种植、加工、包装和技术管理等作业，是确保农产品品质的关键环节。物流组织系统则负责农产品的储存、运输、装卸和配送等作业，是连接供应链上各参与主体的纽带和桥梁。信息支持系统则通过网络技术进行信息的收集、管理和传达，确保信息的及时性和准确性，为农产品供应链的顺畅运行提供有力保障。

（二）农产品供应链的特点

1. 农产品的自然属性与经济属性

农产品具有鲜明的自然属性和经济属性。从自然属性上看，农产品具有季节性、周期性和地域性等特点，其生长过程强烈依赖外部自然环境，具有鲜活、易腐蚀、产量和质量不稳定等特点。这种自然属性对农产品供应链的运作提出了特殊要求，如需要建立灵活高效的物流体系以应对农产品的易腐性（Zhu等，2023）。从经济属性上看，农产品作为生活必需品，其需求价格弹性较低，而供给调整又具有滞后性，因此农产品市场往往容易出现价格波动和供需失衡。这要求农产品供应链具备较强的市场洞察力和风险应对能力，以应对市场变化和不确定性风险。

2. 供应链节点的分散性与复杂性

农产品供应链的节点企业通常较为分散且复杂多样。在农业生产端，小农经营和分散种植是普遍现象，这会导致农产品供应的不稳定和产品质量的参差不齐。在加工和销售端，农产品供应链涉及多个环节和多个参与主体，如制造商、分销商、零售商等，这些环节和主体之间的利益关系复杂且难以协调（陈心怡，2023）。这种分散性和复杂性增加了农产品供应链管理的难度和风险，要求供应链上各参与主体加强合作与协调，共同应对挑战和机遇。

3. 信息不对称与质量控制

农产品供应链中存在严重的信息不对称问题。由于农产品生产过程的复杂性和不确定性以及供应链节点的分散性和多样性，供应链上各参与主体之间的信息传递通常存在沟通不畅和透明度不足等问题（崔铁军等，2021；谭砚文等，2023）。这种信息不对称不仅会增加供应链的风险和不确定性，还可能导致农产品质量控制问题的出现。加强信息技术的应用和供应链各参与主体之间的沟通与协作，可以提高供应链的透明度和可控性，降低信息不对称带来的风险和成本。

4. 物流成本高与损耗大

农产品供应链中的物流成本通常较高且损耗较大。农产品鲜活、易腐等特点，对农产品的运输和储存过程提出了特殊要求，从而提高农产品供应链的物流成本（黄桂红和饶志伟，2011）。同时，由于农产品供应链的节点企业分散且复杂多样，农产品在流通过程中的损耗也较大。据统计，我国蔬菜、水果在采摘、储存和运输过程中的损耗率较高，这种高损耗不仅会增加供应链的成本和风险，还可能导致资源浪费和环境污染问题（孟一等，2023）。因此，降低物流成本和损耗率是农产品供应链管理的重要目标之一。通过优化物流体系、提高运输效率和储存条件等措施，可以有效降低农产品供应链的物流成本和损耗率。

5. 供应链整合与标准化需求

农产品供应链的发展需要供应链整合和标准化建设的支持。由于农产品供应链的节点企业分散且复杂多样，供应链整合成为提高供应链效率和降低成本的重要途径之一。通过整合供应链资源、优化供应链流程和加强供应链各参与主体之间的协同作业等措施，可以实现供应链的高效运作和可持续发展。

农产品供应链的标准化建设也是提高供应链质量和效率的重要手段之一。通过制定统一的标准和规范、加强供应链各参与主体之间的沟通和协作等措施，可以推动农产品供应链的标准化和规范化发展，降低供应链的风险和成本，提高供应链的质量和效率，增强供应链的竞争力和可持续发展能力（石榴懿，2023；韩佳伟等，2021）。

四、智慧绿色农产品供应链

（一）智慧绿色农产品供应链的内涵

智慧绿色农产品供应链是在传统农产品供应链的基础上，深度融合现代信息技术和绿色生态理念，通过精准农业、智能监控、环保生产等手段，实现农产品的优质、高效、安全和可持续生产的供应链模式。该模式不仅关注农产品的产量和品质，还强调环境保护、资源节约和生态平衡，强调融合智能化、信息化，发展农业绿色生产。

智慧绿色农产品供应链充分利用物联网、大数据、云计算、人工智能等现代信息技术，对农产品的生产过程进行精准监控和管理。通过在农田部署的传感器、无人机等设备，实时采集土壤湿度、养分含量、气候条件、作物生长状况等关键数据，为精准农业提供科学依据。大数据分析技术则能够对这些海量数据进行深度挖掘和分析，帮助农业企业优化种植方案，预测市场需求，调整生产计划，提高农业生产效率和资源利用效率。人工智能技术的应用使得农业生产的决策更加智能化，通过智能决策支持系统，农业企业可以根据实时数据和历史经验，自动调整灌溉、施肥、病虫害防治等农事活动，实现农业生产的精细化管理（Arvanitis & Symeonaki, 2020）。智慧绿色农产品供应链还强调农产品的可追溯性，通过区块链等技术手段，记录农产品的生产、加工、运输和销售全过程，确保农产品的安全性和品质，增强消费者对农产品的信任度。

（二）智慧绿色农产品供应链的特点

智慧绿色农产品供应链相比传统模式，展现出了高度信息化与智能化、绿色生态与可持续发展、多环节协同与高效运作、可追溯性与透明度提升以及风险管理与应对能力增强等鲜明特点。

1. 高度信息化与智能化

智慧绿色农产品供应链充分利用现代信息技术，实现农业生产过程的精准监控和管理。通过大数据分析、人工智能等技术手段，农业企业能够实时掌握生产进度、库存状况、市场需求等关键信息，提高决策的准确性和及时性。同时，智能设备的应用使得农业生产过程更加自动化和智能化，可降低人力成本和时间成本，提高生产效率。

2. 绿色生态与可持续发展

智慧绿色农产品供应链坚持绿色生态理念，注重环境保护和资源节约。通过采用环保的生产方式和材料，减少化学农药和化肥的使用，保护土壤和水资源，降低农业生产对环境的负面影响。同时，智慧绿色农产品供应链还推动农产品的绿色消费和循环利用，通过推广绿色包装、减少食物浪费等措施，实现农业生产的可持续发展。

3. 多环节协同与高效运作

智慧绿色农产品供应链涉及多个环节和多个参与主体，包括农户、合作社、加工企业、分销商、零售商和消费者等。通过信息共享和协同作业机制，这些参与主体能够紧密协作，实现供应链各环节之间的无缝衔接和高效运作（赵振强等，2019）。这有助于降低物流成本和时间成本，提高供应链的整体效率。同时，多环节协同还有助于优化资源配置，减少浪费和损耗，提高农产品的附加值和市场竞争力。

4. 可追溯性与透明度提升

智慧绿色农产品供应链通过区块链等技术手段实现农产品的全链条可追溯性。消费者可以通过扫描农产品上的二维码或输入相关信息，查询农产品的生产、加工、运输和销售全过程信息。这种可追溯性确保了农产品的安全性和品质，增强了消费者对农产品的信任度和满意度。同时，智慧绿色农产品供应链还通过提高供应链的透明度，促进各参与主体之间的信息共享和沟通协作，进一步提升了供应链的整体效能。

5. 风险管理与应对能力增强

智慧绿色农产品供应链通过建立风险预警和应急响应机制，及时应对和处理各种风险事件。通过大数据分析技术对市场需求、天气变化、病虫害等潜在风险进行预测和评估，农业企业可以提前制定应对措施，降低风险对供应链的影响。同时智慧绿色农产品供应链还注重与保险公司等金融机构的合作，为农产品供应链提供风险保障和金融服务支持（范贝贝等，2023）。这些措施增强了智慧绿色农产品供应链的风险管理和应对能力，确保了供应链的稳健运行。

五、智慧绿色农产品供应链合作机制

智慧绿色农产品供应链合作机制是指各参与主体、各供应链环节在智慧绿色农产品供应链中，通过信息共享、利益分配、风险共担、决策协调、信任与合作等方式，实现协同合作和共同发展的机制。这一机制对于提高供应链的效率和竞争力、促进农业可持续发展具有重要意义。智慧绿色农产品供应链合作机制的主要内容如下。

（一）信息共享机制

各参与主体之间建立信息共享平台，实时共享生产、加工、储存、运输和销售等环节的信息。通过信息共享，提高供应链的透明度和可控性，降低运营成本和风险。

（二）利益分配机制

合理确定各参与主体在供应链中的利益分配比例，确保各方利益得到保障。通过利益分配机制，激发各参与主体的积极性和创造性，推动供应链的持续发展和优化（孙帅，2023）。

（三）风险共担机制

各参与主体共同承担供应链中的风险，通过风险分散和共同应对，降低单一主体面临的风险和压力。通过风险共担机制，增强供应链的稳定性和韧性，提高供应链应对突发事件的能力。

（四）决策协调机制

建立有效的决策协调机制，确保各参与主体在供应链中的决策能够相互协调和配合。通过决策协调机制，提高供应链的响应速度和灵活性，优化资源配置和流程管理（范若曦，2022）。

（五）信任与合作机制

建立基于信任的合作机制，促进各参与主体之间的长期合作和共同发展。通过加强沟通和交流，增进相互理解和信任，推动供应链的协同合作和创新发展。

第二节 理论基础

一、可持续发展理论

农业可持续发展的核心定义源于联合国世界环境与发展委员会于1987年提出的"可持续发展"概念，指既满足当代人的需要，又不对后代人满足其需要的能力构成危害的发展。具体到农业领域，联合国粮食及农业组织（FAO）在1991年发布《登博斯宣言》（*Den Bosch Declaration*），提出更具操作性的可持续农业定义。该定义涵盖生态、经济、社会、文化四个维度，明确可持续农业需实现自然资源管理、技术适应性调整、经济可行性与社会接受度的整合。

农业可持续发展理论强调发展与可持续性的双重原则。在农业生产过程中，传统的高投入、高产出模式往往以牺牲环境为代价，导致土壤退化、水资源污染等问题日益严重。农业可持续发展理论则要求改良传统的种养模式，采用更加环保、高效的生产方式。例如，通过推广有机肥料替代化学肥料，减少农药使用，实施轮作休耕等措施，保护土壤肥力和生物多样性，实现农业生产的长期可持续性。同时，该理论还倡导农业与其他产业的融合发展，如农旅结合、农工结合等，以拓宽农业产业链，提高农业附加值，实现经济效益与生态效益的双赢。

农业可持续发展理论注重经济、社会和环境的协调发展。在智慧绿色农产品供应链中，各参与主体需要在追求经济效益的同时，兼顾社会效益和环境效益。经济效益是农业可持续发展的基础，但过分追求经济效益而忽视社会和环境效益，是一种短视行为，将会损害农业的长期可持续发展。因此，农业可持续发展理论要求各参与主体在供应链合作中，注重公平合理的利益分配，保障农民权益，提高农产品质量，以满足消费者需求；同时，也要加强环境保护意识，减少农业生产对环境的负面影响，实现农业与环境的和谐共生。

随着全球化进程的加速和人口的不断增长，农业可持续发展面临诸多挑战。气候变化、资源短缺、环境污染等问题对农业生产构成了巨大威胁。人们需要不断创新与完善农业可持续发展理论，以适应新形势和发展需求。例如，通过引入物联网、大数据等现代信息技术，提高农业生产的智能化水平，实现精准农业和智能农业（蓝机满和周君，2021）。同时，加强国际合作与交流，借鉴国际先进经验和技术，推动农业可持续发展的全球化进程。

二、绿色农业理论

绿色农业理论是指在农业生产过程中，遵循自然规律和生态平衡原则，采用环保的生产方式和材料，减少化学农药和化肥的使用，保护土壤和水资源，维护生态环境的一种农业发展模式。该理论包含生态保护、修复、补偿和生态资本运营四大方向（严立冬等，2011）。绿色农业理论强调在农业生产过程中注重环境保护和生态平衡，实现农业可持续发展，主张采用环保的生产方式和材料，减少化学农药和化肥的使用，保护土壤和水资源，维护农业生态系统的稳定性和多样性。

绿色农业理论的核心在于实现农业生产的绿色转型。这要求农业生产者在生产过程中采用环保的生产方式和材料，如有机肥料、生物防治等，减少化学农药和化肥的使用量；加强对农业废弃物的资源化利用，如将农作物秸秆、畜禽粪便等废弃物转化为有机肥料或生物质能源，实现废弃物的循环利用和减量化处理。这些措施的实施，可以降低农业生产对环境的负面影响，提高农产品的品质和安全性。

在智慧绿色农产品供应链合作机制中，绿色农业理论的应用主要体现在三个方面。一是理念推广与认知提升。供应链各参与主体需要加强对绿色农业理念的认识和推广,将绿色农业理念贯穿于农产品生产、加工、销售等各个环节(尹昌斌等,2021)。二是合作与协调。各参与主体需要加强合作与协调,共同推动绿色农业的发展。通过共享绿色农业技术、优化农产品供应链流程等方式,提高农产品的绿色化程度和市场竞争力。三是政策支持与引导。政府和社会各界应加强对绿色农业的支持和引导,推动相关政策的制定和实施,为绿色农业的发展提供良好的外部环境(李福夺等,2020)。

三、供应链价值理论

供应链价值理论是指通过优化供应链流程和资源配置,提高供应链的效率和竞争力,创造更多的价值。在智慧绿色农产品供应链合作机制的研究中,供应链价值理论提供了重要的理论支撑和实践指导。

首先,供应链价值理论强调供应链价值创造的重要性。在智慧绿色农产品供应链中,各参与主体通过优化供应链流程和资源配置,提高农产品的附加值和市场竞争力,创造更多的经济价值和社会价值。例如,在农产品采购环节,通过直接与农户合作或建立稳定的供应商关系,确保农产品的质量和供应稳定性;在农产品加工环节,采用先进的加工技术和设备,提高农产品的品质和附加值;在农产品销售环节,通过线上线下相结合的方式,拓宽销售渠道,提高农产品的市场占有率和品牌知名度。这些措施可增加农产品供应链价值,提高农产品的附加值和市场竞争力,为消费者提供更加优质、安全、健康的农产品。

其二,供应链价值理论还注重价值分配的合理性。在智慧绿色农产品供应链中,各参与主体之间的利益分配关系直接影响供应链的稳定性和可持续性。因此,供应链价值理论要求各参与主体在供应链合作中,注重公平合理的利益分配机制的建设。例如,在农产品采购环节,根据农产品的质量和数量给予农户合理的价格;在农产品加工环节,根据加工成本和附加值给予加工企业合理的利润;在农产品销售环节,根据销售渠道和销售量,给予销售商合理的佣金。同时,还可以通过建立利益共享机制、风险共担机制等方式,增强各参与主体之间的合作意愿和信任度,推动供应链的长期稳定发展。

其三,在智慧绿色农产品供应链中,供应链价值理论的应用还体现在价值协同方面。价值协同是指各参与主体在供应链合作中,通过信息共享、风险共担、决策协调等方式,实现供应链价值的最大化(余雪杰,2017)。如在农产品采购环节,各参与主体可以通过信息共享平台了解市场需求和供应情况,避免盲目采购和库存积压;在农产品加工环节,各参与主体可以通过协同研发和创新，提高农产品的品质和附加值；在农产品销售环节，各参与主体可以通过联合营销和推广活动，提高农产品的市场占有率和品牌知名度。这些措施可增强各参与主体之间的合作意愿和信任度，提高供应链的效率和竞争力。

四、供应链合作理论

供应链合作理论强调各参与主体在供应链中通过信息共享、风险共担、利益共享等方式实现协同合作和共同发展（李剑等，2021；肖迪等，2022）。在智慧绿色农产品供应链合作机制中，供应链合作理论的应用主要体现在以下几个方面。

供应链合作理论要求各参与主体加强信息共享和沟通。通过建立信息共享平台、加强沟通协作等方式，提高供应链的透明度和可控性。例如，在农产品生产环节，各参与主体可以通过信息共享平台了解市场需求和供应情况，合理安排生产计划；在农产品销售环节，各参与主体可以通过信息共享平台了解销售情况和市场反馈，及时调整销售策略和推广计划。

供应链合作理论强调风险共担的重要性。在智慧绿色农产品供应链中，各参与主体需要共同承担风险，通过风险分散和共同应对机制降低单一主体面临的风险和压力。例如，在农产品采购环节，各参与主体可以通过签订长期合作协议等方式，降低市场风险和供应风险；在农产品销售环节，各参与主体可以通过建立联合营销机制等方式，降低销售风险和库存风险。

供应链合作理论要求各参与主体注重利益共享和协同发展。在智慧绿色农产品供应链中，各参与主体之间的利益分配关系直接影响到供应链的稳定性和可持续性。因此，各参与主体需要建立公平合理的利益分配机制，确保各方利益得到保障。同时，各参与主体还需要注重协同发展，通过加强合作与协调，共同推动供应链的优化和升级。例如，在农产品加工环节，各参与主体可以通过协同研发等方式，提高农产品的品质和附加值；在农产品销售环节，通过联合营销和推广活动等方式，提高农产品的市场占有率和品牌知名度。

第三章　智慧绿色农产品供应链合作机制驱动因素

第一节　内部驱动因素

一、设施

(一) 智慧农业种植与养殖设施

由于农业作业的区域广泛，气候、土壤、地形条件等各有不同，所以，智慧农业设备必须具备高度的适应性，以确保在各种环境下都能稳定运行并完成作业任务（江波，2025）。随着科技的快速发展，农业也朝着现代化设施农业的方向发展，智慧农业种植的设施设备包括了智能化温室、水肥一体化设备、物联网传感器等。智能化温室拥有综合环境控制系统，是设施农业中的高级类型。它具备智能化、数字管理化和可稳定温室环境的特点，可以直接调节室内光、水、肥、气等主要因素，对土壤含水量、养分含量、光照强度等环境参数开展实时监测，从而实现定量、定时的灌溉、施肥以及病虫害防治，提高农产品的生产效率和品质（杨涓等，2022）。智能畜牧业装备主要包括智能穿戴装备、电子胶囊等物联网技术等，借助这些装备可实时获取牲畜的体温、运动量、食量等信息，提升养殖的工作效率以及更好开展疾病防治工作。

我国地大物博，气候多变，土壤肥沃，地形各异，孕育出了丰富的生态农业类型，在土地和人力等资源方面都有着得天独厚的优势，设施农业的发展潜力巨大，前景广阔（牟磊，2024）。

(二) 农产品加工与包装设施

农产品加工设施主要有自动生产线、农产品分级机、农产品真空包装机、农产品自动化包装机等设备。加工和包装设施的主要功能是实现农产品加工自动化，提高清洗、分选、包装等加工过程的劳动效率，提高农产品的加工效益和质量。农产品包装设施在实际中应用广泛，这类设施可使用生物降解材料对农产品进行包装，减少环境污染（巩嘉贝等，2024）。

（三）冷链物流设施

冷链物流设施，如冷藏车、冷库、冷链物流信息系统等，能够确保农产品在储存和运输过程中保持低温状态，延长保鲜期，减少损耗。生产者可通过物联网技术，实时跟踪和监控冷链物流信息，提高物流效率及安全系数。但是传统冷链运输面临成本较高及时间约束等问题，可采取计算各城市之间农产品冷链物流引力的方法，优化农产品冷链物流的网络布局（张文林，2025）。

（四）农产品质量安全追溯设施

在农产品生产中应用质量安全可追溯体系，对强化现代农业农产品生产过程中的监督监管具有重要意义（韦永明等，2024）。基于防伪二维码的追溯编码，可在实现防伪认证的同时，精准识别溯源信息。供应链各方可通过二维码追溯体系、区块链技术等追溯设施，实现农产品生产、加工、运输、销售等全流程追踪，确保农产品质量安全有保障、来源可追溯（王瀛旭等，2021）。

（五）智慧农业管理与服务平台

农业物联网技术的引入，为农业的智能化管理开辟了新的视野（任嘉颖，2025）。农业物联网技术可提供数据分析与决策支持等服务，辅助农业生产经营者制订生产计划，管理生产活动。随着人工智能和大数据等技术的快速发展，农业物联网将呈现出更加智能、网络和协同化的特征（韩光，2024）。

二、库存

库存管理涉及对制造业物料的实物核算，是企业正常运营流通的核心环节（雷丽丽，2025），能够防止生产中断、维持运营稳定、减少订购成本、提升服务水平和防止断货。然而，库存管理也存在弊端，即其不仅会占用企业大量资金、增加成本，还会掩盖企业生产管理中存在的实际问题。

库存管理作为连接农产品供应链上下游各环节的纽带，可以有效预防和控制由农产品库存过低或过剩而对智慧绿色农产品供应链造成的负面影响，使农产品的库存成本和损耗都控制在较低水平；库存管理应考虑将预测结果及时、准确地匹配市场需求，防止农产品市场供需失衡，更应与其他环节的库存优化管理建立关联，提升各环节在整体供应链中的敏捷度（钟思颖和李婷婷，2024）。

随着市场需求的不断变化，智慧绿色农产品供应链的库存管理将呈现更加智能化和自动化、更加协同和集成化、更加绿色和可持续化的趋势（高光莉，2014）。通过引入更先进的物联网技术、人工智能技术和大数据分析技术，实现对农产品更智能化和自动化的监控管理，将进一步提升库存管理的效率和准确性；智慧绿色农产品供应链的库存管理将更注重与其他环节的协同和集成化，通过信息共享和协同优化，实现整个供应链更高效和协同的运作；同时，库存管理也将更注重环保和可持续发展，采用更环保的包装材料、节能设备和设施等绿色技术，降低库存过程中的能耗和排放，并加强对农产品的质量控制和安全管理，确保农产品的绿色、安全和可追溯。

三、定价

定价是商品或服务在市场上的交易价格设定过程，主要研究商品和服务的价格制定与调整策略，以实现最佳营销效果和收益。这一过程并非随意进行，而是基于对市场环境、产品成本、消费者需求及竞争态势等多方面的深入分析与考量。作为市场营销和商业策略的核心环节，定价直接关系到企业的盈利能力、市场份额以及品牌形象（邢克，2021）。

农产品定价是在定价目标的指导下，根据农产品特征和市场条件，综合考虑影响价格的各种因素，运用具体定价方法进行价格决策的过程。绿色农产品供应链的定价策略是在确保农产品质量、安全和环保的前提下，根据农产品特性、市场需求以及政府政策等多方面因素制定的（刘锐等，2022）。定价策略主要包括渗透定价、撇脂定价、整数定价、分档定价、折扣定价、地区定价等（唐瑄和郑晓娜，2020）。

（一）渗透定价策略

对于市场需求量大、同质性高的绿色农产品，可采用低价策略吸引消费者。该策略的优势在于能快速占领市场，阻止竞争者进入，并通过薄利多销实现盈利。例如，提供中等质量但价格较低的绿色农产品，或供应符合标准但价格优惠的绿色农产品，以满足价格敏感又注重基本质量的消费需求。

（二）撇脂定价策略

对于具有独特卖点的新上市绿色农产品，可采取高价策略。该策略能快速收回投资并在短期内建立强势品牌认知。高价策略通常结合强势宣传，向消费者展示产品的高品质与高附加值，满足其炫耀性消费需求。

（三）整数定价策略

针对高端绿色农产品，可采用整数定价策略。该策略能够满足消费者的自尊需求，使其感受到产品带来的身份象征意义。

（四）分档定价策略

根据绿色农产品的品种、规格、质量等级及市场需求差异，可采用分档定价策略。该策略能明确体现产品档次区分，为消费者提供多元选择。例如，将同品种苹果按大小分成不同的等级，每个等级确定一个价格；或依据销售场所的区位优势与交通便利程度等因素，确定不同的价格。

（五）折扣定价策略

为鼓励消费者购买更多的绿色农产品，可采取折扣定价策略。例如，对达到一定购买数量的消费者给予价格折扣，或为提前付款及现金支付的顾客提供相应优惠。

（六）地区定价策略

针对绿色农产品的运输成本与地区差异，可采用地区定价策略。该策略既能保证产品在各地区的价格竞争力，又能兼顾运输成本与当地市场接受度。例如，按产地出厂价加合理运费确定最终售价；或者根据市场划分不同的区域，在每个区域内实行统一的价格。

四、经济效益

农产品供应链的经济效益主要体现在以下几个方面。

农产品供应链为农民提供了更多收益渠道。在传统销售模式下，农民将农产品销售给中间商或市场，中间环节较多且利润有限；而农产品供应链能够打通上下游，保障产品市场适销性和销售通路，提升农产品销量和农民收入。

农产品供应链有助于提升农产品品质。通过建立质量标准和追溯体系，供应链可根据市场需求反馈指导农业生产，并借助技术投入实现种植全程监控，从而提高农产品品质，增强农产品的市场竞争力。

农产品供应链使农产品销售更加稳定。这种链条式的交易模式可打通上下游连接，农户可以通过供应链平台将农产品直接销售给客户，消除传统单一农户或合作社销售对象的不稳定性，有助于农户增收并减少农产品浪费。

农产品供应链物流的优化能显著提高农产品的流通效率并降低成本。加强基础设施建设、提升信息化水平和创新物流模式，可以保证农产品在运输储存过程中的新鲜度和品质，减少损耗，提升产品附加值。同时，物流优化还能促进农村就业和产业发展，推动农村经济多元发展（马小雅，2024）。

五、市场占有率

市场占有率的高低体现了企业在市场中的宽广度和覆盖范围，间接反映了其盈利能力、品牌影响力和市场控制能力。高市场占有率意味着企业在市场中拥有更大的话语权和定价权，能够更有效地抵御竞争对手的进攻。市场占有率的提升有助于企业树立品牌形象，提升品牌认知度，进一步巩固企业的市场地位。

市场占有率还可以作为企业在战略规划中的考核指标，通过对其变化趋势的评估和跟踪，企业可以了解自身市场地位的变化，及时预警市场风险，并为未来的市场策略和投资决策提供依据，市场占有率是企业进行市场竞争分析和制定市场策略时不可或缺的重要指标（陈晓丹，2014）。

农产品供应链是指核心企业整合农产品从生产到消费全过程中涉及的物流、资金流和信息流，将生产商、分销商、批发商、零售商等各方联结成具有整体功能的网络体系，以实现整个供应链价值最大化。

在市场占有率方面，传统农贸市场在生鲜农产品零售渠道中仍占据主导地位，但随着城市化的发展和餐饮行业的稳定增长，生鲜农产品的采购规模在不断扩大，进而推动了生鲜电商、生鲜超市等新兴渠道的发展。

冷链物流在农产品供应链中的作用日益凸显。随着食品冷链物流基础设施的不断完善和市场规模的快速增长，冷链物流在保障农产品新鲜度、降低损耗率方面发挥着重要作用。这进一步推动了农产品供应链市场占有率的提升。

六、产品质量

产品质量是一个综合性概念，涉及产品的各个环节，是企业生存和发展的关键。它指产品满足明示需求和潜在需求的特征与特性的总和,是产品使用价值的具体体现。这些特征和特性通常包括适用性、安全性、可靠性、耐用性、可维修性和经济性等方面。农产品供应链的产品质量是影响其市场占有率的关键因素之一(刘雪松,2020)。

农产品供应链的产品质量取决于生产环节。生产商应采用科学的种植或养殖方法,确保农产品生长过程无污染,并注重提升农产品的营养价值和口感品质。同时,生产商应建立完善的检验检测体系,定期对农产品进行抽样检测,保证其符合相关标准与规定。

在加工环节,农产品需经过清洗、分级和包装等处理工序以提升附加值和便利性。加工企业必须严格控制加工温度与时间参数,防止农产品变质或遭受二次污染。此外,包装材料的选择尤为关键,必须确保其安全环保特性,避免对农产品品质产生负面影响。

为了提高农产品供应链的产品质量,政府和企业还需加强合作,共同推动农产品标准化、品牌化建设。通过制定统一的质量标准和认证体系,企业可以更加规范地进行生产和销售,提高农产品的整体质量和竞争力。

农产品供应链的产品质量是一个系统工程,需要政府、企业和消费者共同努力。通过加强对生产、加工、冷链物流和销售等环节的监管和管理,企业可以不断提升农产品的质量和竞争力,赢得更多的市场份额(赵法库,2021)。

七、品牌竞争力

品牌竞争力是指某一品牌在市场上与其他竞争对手相比较时,所具备的相对优势和能力。它是品牌产品超越其他同类产品的竞争能力,是其他同类产品不易甚至是无法模仿的能力,具体表现为品牌在消费者心目中的认知、品牌知名度、品牌形象、产品质量和性能、市场份额、市场渗透率、消费者忠诚度等多个方面。

品牌竞争力是农产品企业在市场中脱颖而出的关键因素。农产品品牌不仅能够提升农产品的价值,还能提高企业的市场竞争力,推动农业产业化经营。当前,我国农产品品牌化经营中还存在一些问题,如品牌总量虽多但有影响力的品牌较少,品牌竞争力不强,发展速度慢等。

为了提升农产品品牌竞争力,企业需要注重品牌建设,如提升产品品质、塑造独特的品牌形象、做好深加工产品开发、丰富品牌文化内涵等。同时,企业还需要加强品牌管理,重视品牌产品的质量、形象设计、品牌定位、品牌市场监测、品牌传播与品牌保护等多方面工作。

在农产品供应链中，核心企业具有引领作用。培育壮大核心企业，能够强化其对品牌农产品的带动效应，促进生产基地资源整合，实现规模化生产和经营，有效降低生产成本并提升企业市场竞争力。同时，构建支持农产品品牌企业发展的社会化服务体系至关重要，包括引导金融机构提供资金支持、建立科技创新支撑体系、完善质量标准认证制度以及强化生产管理体系等方面。

第二节　外部驱动因素

一、现代信息技术

农产品供应链与现代信息技术的融合正推动农业领域深刻变革。数字化农产品供应链运用现代信息技术，对农产品从生产到消费的全流程实施数字化管理和优化，促进供应链各环节高效协同与信息共享。

在生产环节，物联网传感器实时监测土壤肥力、水分、气象参数及作物生长状况等数据，结合大数据分析和人工智能算法为农户提供精准种植决策支持，包括精准施肥、智能灌溉、病虫害预警防治等，有效提升农作物产量与品质，降低资源消耗。同时，农产品溯源系统的构建实现了生产全流程可追溯，显著增强了消费者对农产品质量安全的信心。

在仓储环节，智能仓储管理系统依托物联网设备实时监测仓库环境参数与农产品储存状态，运用大数据分析技术自动调节温湿度、通风及照明等设备参数，保障农产品仓储品质。同时，基于库存管理软件和大数据分析的库存优化，实现精准库存控制，有效预防库存积压或短缺问题，降低仓储成本与产品损耗率。

在物流环节，现代信息技术实现了对运输车辆的实时定位与状态监控，确保农产品安全运输；通过大数据与人工智能算法，优化配送路径，提升物流运作效率，有效控制运输成本。

在销售环节，数字化农产品供应链推动了农产品电商的快速发展。供应商通过电商平台实现农产品直销，并运用大数据分析消费者行为和偏好，实施精准营销。移动支付技术的普及为交易提供了便捷安全的支付解决方案。

数字化农产品供应链具有提升效率、降低成本、保障质量安全等优势，但也面临农业信息化基础薄弱、数据标准不统一、技术人才缺乏等挑战。这需要政府、企业和社会协同推进信息化建设，统一数据规范，培养农业信息技术复合人才，并加强网络安全防护（赵乙樘等，2016）。

二、采购

农产品供应链涵盖从农业生产到消费终端的全过程，包括农产品的生产、采购、加工、运输、储存及销售等环节。该系统不仅包含实体物流和信息流，还涉及供应商、生产者、批发商、零售商及消费者等多方参与者的协同运作。作为农业经济的核心命脉，农产品供应链不仅关乎食品质量安全，更直接影响农业经济效益和消费者健康福祉。

由于农产品具有易腐、保质期短的特点，农产品采购需要特别强调绿色物流运作。供应链各参与方应合作建立健全农产品质量标准体系，推进检验、包装、分拣等环节的标准化，确保农产品在进入市场时符合质量等级标准，并对不达标产品实施退市或销毁处理。同时，采购方应严格遵循安全环保规范，加强农产品检验检疫工作，有效防控农药残留和添加剂超标问题。

农产品供应链的可持续发展日益受到人们的重视。随着社会进步，消费者对食品安全问题的关注度不断提升，使得在整个供应链融入环保理念，采用可循环包装材料等措施成为行业新趋势。

三、农业一体化

农业一体化是指将农业生产各环节有机整合，实现农产品生产、加工、销售等全产业链的协同发展。其核心理念在于实现农产品价值最大化，提升农产品的市场竞争力，同时确保农民收入稳定增长。农产品供应链与农业一体化相互促进：供应链优化能提高农产品的流通效率与产品质量，为农业一体化创造良好的市场环境；而农业一体化可以推动农产品的规模化、集约化生产，提高农产品的附加值和市场竞争力，为农产品供应链的优化提供更好的产品基础。

在实践中，许多农业企业和政府机构正积极推进农产品供应链与农业一体化的协同发展。例如，通过建立农产品电商平台，实现线上线下融合销售；完善物流基础设施，提高农产品的流通效率；通过推动农产品加工企业的集聚发展，形成产业集群，提升整个产业的竞争力（李天颖和贾周，2016）。

农产品供应链与农业一体化是现代农业发展的重要方向，它们相互促进，共同推动农业的发展。

四、农产品质量安全

农产品质量安全是一个综合性概念，要求农产品在保障人体健康安全的同时满足人们对农产品品质的需求，具体指农产品达到安全标准且符合健康要求。

农产品供应链涵盖从生产到消费的全过程，包括种植/养殖、采购、加工、包装、运输、仓储、分销及零售等环节。其目标是实现农产品高效、安全、可持续的流通。农产品质量安全既关乎公众健康，又影响农业可持续发展。农产品供应链与农产品质量安全密切相关，通过优化供应链管理可实现对农产品质量的全程管控，提高农产品的质量和安全水平。

当前农产品质量安全问题主要体现在：质量标准不统一、流通环节监管不足、产地管理松散以及存在假冒伪劣现象等。规范农产品供应链管理，能有效提升农产品质量安全：规范流通环节，可以减少质量问题的出现；完善追溯体系，可以提高对农产品质量问题的溯源能力，确保农产品质量问题被及时发现和处理；严格产地管理，可以控制农药和化肥残留问题；提升家庭农场和企业质量管理水平，可以推动优质农产品的生产。

为保障农产品质量安全，相关机构需要采取必要的治理措施，如严格执行质量标准，推进各环节标准化；加强对农产品流通环节的监管，打击假冒伪劣；健全农产品质量追溯体系，提升监管追溯能力；加强对农民的技术培训，提高其质量意识和管理水平（李昊，2024）。

五、市场需求

市场需求是指在一定时期内，消费者群体对特定商品或服务的总体购买欲望和支付能力。它决定了企业生产什么、生产多少以及如何定价。市场需求的大小和变化受到多种因素的影响，包括商品和服务的价格、消费者的收入水平和偏好、市场上的替代品和互补品的价格等。

市场需求的类型多种多样，包括无需求、潜在需求、下降需求、不规则需求、充分需求和过度需求等，这些市场需求类型反映了消费者对商品或服务的不同态度和购买行为。企业必须准确把握市场需求，调整其产品策略、定价策略和营销策略，以满足消费者需求并实现利润最大化。农产品供应链与市场需求紧密相连，二者之间的有效匹配对于农村经济的发展至关重要。

农产品供应链涵盖从生产到消费的全过程，想要构建高效的农产品供应链，则需要依托科学的种植与养殖体系，提升农产品质量与产量；强化农产品加工包装环节，增加产品附加值；完善物流配送网络，确保产品及时安全送达市场。

农产品的市场需求是指在某一特定时期内，在一定价格水平上，消费者愿意并且能够购买的某种农产品的数量。农产品供应链的建立必须与市场需求相匹配。这需要农产品供应链各方对市场需求进行充分的分析，了解市场需求变化趋势，从而调整农产品的品种和产量，优化调整供应链各环节。

农产品质量与安全是供应链与市场需求匹配的前提条件。农产品的生产过程应严格按照质量标准进行，只有提供安全、放心的农产品，才能赢得消费者的信任。农产品定价策略是影响供应链与市场需求匹配的重要因素之一。合理的定价策略既能满足消费者的需求，又能保证农民的利益，实现供应链与市场需求的良性互动。农产品品牌建设也有利于供应链与市场需求的匹配。

政府政策支持对农产品供应链与市场需求的匹配具有关键作用。政府应制定扶持政策，引导现代农业发展，提供质量认证和品牌保护等支持措施，促进供应链建设与市场需求的对接。

实现农产品供应链与市场需求的匹配是一个复杂的系统工程。构建高效的供应链体系、精准分析市场需求、制定科学合理的定价策略、强化品牌建设与质量管控、发挥政府政策支持作用等将推动农产品供应链与市场需求的良性互动。

六、政策支持

政策支持是政府为促进特定行业、领域或技术发展而采取的一系列优惠与扶持措施，包括税收减免、财政补贴、信贷支持、审批便利等配套政策。通过财政、税收、金融和法律等多元支持手段，政府旨在推动产业升级、刺激经济增长、增加就业机会，并协助企业突破发展瓶颈。有效的政策支持能够增强企业市场竞争力，为经济稳定和可持续发展提供保障。

农产品供应链的高效运行需要政策支持。政府通过制定实施相关政策推动供应链完善发展，如商务部明确提出要健全农产品供应链体系，具体措施包括：完善农产品集散网络、发展冷链物流、加强产销对接、改造零售终端等，以提升农产品流通效率、保障市场供应、满足消费需求。政府还通过税收优惠和贷款贴息等政策，激励农产品供应链企业增加投入，提升技术和服务水平。这些措施有效促进了供应链的数字化和智能化转型，提高了供应链的协同效率和市场响应能力。

农产品供应链的高效运作需要政府持续的政策支持。政府应进一步加大政策扶持力度，完善农产品供应链体系，提升农产品流通效率和质量安全，为农业可持续发展和农民增收提供坚实保障。

第四章　智慧绿色农产品供应链主要模式

第一节　企业全产业链布局智慧绿色农产品供应链模式

一、供应链模式概况

农业全产业链是指农产品"从田间到餐桌"的完整产业系统，涵盖农资供应、生产、仓储物流、加工、品牌营销及销售等环节（韩喜艳等，2020）。该系统整合了研发、生产、加工、储运、销售、品牌、体验、消费和服务等环节，各主体间紧密关联、协同发展（谢艳乐和毛世平，2024）。这一概念具有多层次、多主体、多领域特征，涵盖农业生产到消费终端的全流程，形成了完整的产业闭环。

企业全产业链布局智慧绿色农产品供应链模式（下文简称"全产业链布局供应链模式"）是指企业经营范围覆盖智慧绿色农产品从研发生产到终端销售的全过程。该模式贯穿农业生产资料研发、农产品生产直至市场销售等供应链各环节，通过内部整合形成完整的智慧绿色农产品供应链体系。农业企业从产业链源头着手，协调上下游产业部门形成有机整体，实现全产业链的贯通与管控（韩喜艳等，2019）。

实施全产业链布局的智慧绿色农产品供应商企业通常以市场需求为导向，通过提升产品品质和增加产品附加值来增强市场竞争力。这类企业注重在供应链各环节加大智慧化和数字化技术投入，以提高供应链运行效率并创造更大价值，同时保障绿色农产品的稳定供应。

二、供应链运作流程

（一）农业生产资料供应环节

农业生产资料包括种子种苗、化肥农药、饲料等农产品生产所需的资源要素。在全产业链布局的智慧绿色农产品供应链模式中，源头端即为农业生产资料供应环节，涵盖农业生产资料的研发、培育生产、供应等过程。采用全产业链布局供应链模式的企业通常会涉足农业生产资料业务，通过自主研发生产资料，既可拓展业务范围，又可从源头确保农产品品质安全。这类企业通常会与高校等科研机构合作并设立专门研发部门，提升农业生产资料的创新开发能力；建立专业化、标准化、规模化的化肥农药生产厂和种苗培育基地，实现农业生产资料的批量化生产；通过统一调配，将生产资料供应至生产环节，保障农产品质量。

（二）农产品生产环节

在全产业链布局供应链模式中，农产品生产环节主要包括智慧化、绿色化的种植或养殖流程。企业可通过两种方式开展生产：一是建立自主生产基地，研发品牌化农产品；二是与合作社或农户合作，为其提供支持并参与生产管理。在生产过程中，企业通过投入智慧绿色农业技术强化品质管控，如运用数字化设备实时监测农产品各项生长数据，基于大数据分析精准施用化肥、农药等生产资料，从而确保智慧绿色农产品的产出质量。

（三）农产品加工环节

企业在农产品收获后会对其进行简单加工或精深加工。简单加工包括清洗、检验、分拣和包装等基础处理，通常在产地附近建设加工厂完成，最终将农产品分级后以生鲜形式供应市场。为提升农产品附加值，企业还会对农产品进行精深加工，将农产品转化为食品。实施全产业链布局的企业通常会设立专门的食品研发生产子公司，通过品牌建设和产品创新来提高农产品附加值。

（四）农产品仓储运输环节

仓储运输环节是全产业链布局供应链模式的重要组成部分。企业通常在产地建设产地仓，同时在消费市场设立市场仓，根据产品特性和营销策略选择仓储方式。采用产地仓可实现直发模式，保障产品新鲜度并减少流通损耗；选择市场仓则能显著提升配送效率。在仓储管理方面，企业应用数字化系统实现可视化管控，并通过自建或合作方式构建智慧化物流网络，确保农产品运输过程的信息化和生态保鲜。

（五）农产品市场销售环节

农产品市场销售网络建设是全产业链布局的关键环节，企业通过多元化、信息化的销售渠道推广智慧绿色农产品。如在主要市场设立品牌专卖店，提供线下体验消费；开发线上商城 APP，支持线上下单、门店自提或仓库直配，对部分生鲜产品提供"当日达/次日达"服务；部分企业还会自建或合作运营专业批发市场及高端餐饮门店，拓展销售渠道。这些举措可有效地提升供应链的市场响应能力。

三、供应链主要特点

（一）农产品全产业链一体化发展

企业通过纵向整合与横向协同，构建一体化发展的智慧绿色农产品供应链。在纵向维度，企业全面覆盖供应链各环节：上游专注农资研发与供应，如种子种苗的研发培育；中游采用规模化、标准化生产方式，运用智慧绿色技术提升生产效率和产品品质；下游开展深加工、品牌建设和渠道拓展，实现农产品增值。在横向维度，企业通过与同环节主体合作实现资源整合，增强整体竞争力。这种全产业链布局可有效地促进各环节协同发展，最终实现供应链整体效益最大化（韩喜艳等，2019）。

（二）市场导向与灵活应变

企业农产品全产业链布局模式以市场需求为导向，以提升利润为目标，根据市场需求组织生产并灵活调整农产品供应。全产业链布局与一体化发展的农产品供应链上的主导企业通过密切跟踪市场动态和消费需求变化，及时调整生产计划和销售策略，从而增强供应链的适应性和抗风险能力，有效地应对市场变化与挑战。

（三）农产品品质及供应链成本的精准把控

过程可控是全产业链布局供应链模式成功的关键要素（韩喜艳等，2019）。全产业链布局模式通过企业对供应链各环节的管控，实现产品质量和成本的双重精准控制。在农产品品质管理方面，企业建立覆盖农资使用、生产流程、加工工艺和物流条件的全程质量标准体系，确保各环节严格执行标准要求。通过统一组织和协调供应链各环节，企业能够显著降低沟通成本、时间成本和资源浪费。

四、供应链合作机制

（一）契约保障机制

在全产业链布局供应链模式中，企业除建立内部纵向协同外，还积极开展与外部相关利益主体的横向合作。与外部主体的合作通常通过签订长期契约来明确合作内容、期限及违约责任等条款，有效保障各方权益，为合作奠定坚实基础。

（二）协调机制

在全产业链布局供应链模式中，各主体的合作主要体现为供应链上、中、下游不同环节间的合作，即企业内部的合作。企业通过成立不同的部门或子公司负责经营农产品供应链上的各个环节，供应链各环节经营主体在企业统一发展框架下展开合作，其合作行为由企业统一组织与协调。

（三）监督约束机制

供应链上各环节经营主体作为企业下属的不同部门与子公司，虽具有不同的业务职能，但仍统一在企业发展框架之下，各环节的经营及合作行为均受到企业的统一监督与约束。为有效管控农产品品质，企业为供应链制定了统一的标准体系，要求各环节严格按标准开展生产经营活动。通过运用区块链、物联网等信息技术，企业可构建完善的农产品溯源体系，将各环节农产品信息完整录入。一旦出现农产品品质问题，可通过溯源系统实现精准追踪与问责，明确责任划分，从而有效地监督和约束各环节的生产经营行为。在与企业外部主体（如合作社）的合作中，企业通过提供技术支持、输出企业标准规范、签订合作协议等方式参与农产品生产环节，并借助协议约束和现场指导等手段，实现对外部主体生产行为的监督与规范。

（四）激励机制

在企业内部，供应链利益由企业统一分配，通过评估各环节经营主体的绩效来确定利润分配比例。企业通常会对绩效较高的环节分配更多利润，或采用奖励、补贴等方式激励各环节持续提升经营绩效。在与外部农户、合作社等主体的合作中，企业主要通过订单倾斜等机制，激励农户和合作社不断提高农产品品质并降低生产成本。

（五）信息资源共享机制

在集团企业的统一组织与协调下，供应链各环节经营部门将信息上传至企业统一的信息平台，实现信息资源共享。由于各环节同属企业发展框架，不同环节间的信息交流与共享更为便捷，有效打破了信息壁垒。在与外部主体合作时，企业同样重视信息共享，合作伙伴会将农产品生产及市场销售等信息反馈给企业，而企业则通过技术指导等方式与合作伙伴共享信息资源，实现高效的信息流通与共享。

（六）利益与风险分配机制

在全产业链布局供应链模式中，各环节同属企业发展框架，企业统一承担供应链的整体利益与风险，同时对内部各环节进行利益与风险的细分分配。在利益分配方面，企业依据既定标准实现各部门及环节的合理利益分配；在风险分配方面，依托农产品溯源体系实现精准问责与风险损失划分。风险损失主要由责任部门承担，同时企业通过协调机制联合其他部门共同分担部分风险，实现风险共担。

第二节 以龙头企业为核心的智慧绿色农产品供应链模式

一、供应链模式概况

以龙头企业为核心的智慧绿色农产品供应链模式（下文简称"以龙头企业为核心的供应链模式"）是由农业龙头企业主导建立的智慧绿色农产品产销联盟（邱晓君，2024）。该模式以一家或多家具备雄厚经济实力、先进技术、完善管理体系及广泛销售渠道的农业龙头企业为核心，通过整合上、下游资源构建高效协同的供应链网络。凭借资金和技术优势，龙头企业能够有机整合供应链各环节：对接上游农户等供应主体，为其提供技术指导和农资供应支持（孙伟，2024）；对收购的农产品进行分类加工，提升其附加值；通过下游批发商、零售商等线下渠道或电商平台等线上渠道，经物流配送将产品送达消费者（邱晓君，2024）。在该模式中，占据核心地位的龙头企业通常为种业企业或农产品加工企业等。

在该模式中，为确保源头农产品品质安全，农业龙头企业凭借自身实力和资源优势，发挥强大的辐射带动作用（朱艳新和黄红梅，2011），有效引导农户实施智慧化、绿色化生产。通过与农户或合作社建立稳定合作关系，龙头企业深度参与农产品生产环节，并采取多种措施推动智慧绿色农产品生产，包括农资供应、资金支持、生产技术指导以及示范基地建设等。

二、供应链运作流程

（一）农产品生产环节

为获取稳定的智慧绿色农产品供应，农业龙头企业通常与当地农户或合作社建立长期合作协议，确保企业能够长期从农户或合作社采购农产品。龙头企业通过订单方式提前向合作社或农户明确农产品品类、需求量、质量标准及收购价格等要求，指导其按需生产。这种契约安排既可规范生产组织，又可促使农户采纳绿色生产技术，保障产品品质。部分龙头企业还与合作社及农户共建生产基地，确保农产品的稳定供应。

为从源头把控农产品品质，龙头企业凭借资源技术优势，通过合约约束和技术支持等方式深度参与生产过程，推动合作方实施智慧绿色生产。在其资金技术支持下，农户得以应用数字化农业技术提升生产智能化水平；同时，龙头企业的示范推广也可促进绿色生产技术的普及应用，全面提高农产品的绿色化程度。

（二）农产品收购、加工环节

农业龙头企业主要通过订单农业方式，按照预先约定的品质标准和价格统一向农户、合作社及生产基地收购智慧绿色农产品。部分龙头企业还配备专业采购团队，直接赴产地采购，或通过批发市场集中采购优质农产品。收购后的农产品将被运送至企业初加工厂，进行品质复检、清洗、分拣和包装等处理。

部分以食品制造为主业的龙头企业，会凭借其强大的深加工能力，在自有食品加工厂对农产品进行精深加工，通过制作预制菜等食品提升农产品附加值。同时，这些企业也会积极寻求与外部机构的合作，共同开发以智慧绿色农产品为原料的新型食品。

（三）农产品仓储运输环节

农业龙头企业通常配备自有仓储设施，用于储存收购的智慧绿色农产品、初加工生鲜产品及深加工制品，通过应用冷链储藏和数字化管理技术，在保障产品品质的同时实现库存的科学管理，有效降低农产品库存损耗。企业通过自建物流团队或与专业物流公司合作，构建覆盖供应链全环节的运输网络，将农产品及加工品高效配送至销售终端。企业在运输过程多注重农产品保鲜及运输配送效率的提升，对生鲜农产品普遍采用冷链运输，通过专业冷链车辆将农产品及时配送至各销售网点，确保农产品在运输过程中的品质。

（四）农产品市场销售环节

农业龙头企业可依托线上、线下智慧销售渠道拓展农产品销售方式。在线下渠道方面，企业可与传统零售商（如超市）合作，将农产品配送至门店供消费者选购；同时与餐饮企业、机关食堂等建立直供合作，根据订单需求通过冷链物流将产品从仓库直达客户。在线上渠道方面，企业可通过自建平台或与第三方电商合作，实现线上下单、线下配送的销售模式。

三、供应链主要特点

（一）组织化程度高

以农业龙头企业为核心的供应链模式在农产品流通方面通常表现出较高效率和现代化特征（关颖等，2024）。该供应链模式以农业龙头企业作为核心主体，龙头企业通过组织协调供应链各环节经营主体之间的合作，使整个农产品供应链保持较高的组织化程度。在供应链上游环节，农业龙头企业通过与农户或合作社等主体签订订单合同，合作建立农产品生产基地，并联合合作社或生产基地等组织农户按照订单要求开展智慧绿色农产品生产，同时依据订单约定组织农产品收购。在供应链下游环节，农业龙头企业通过与各类农产品终端销售商建立紧密合作关系，共同构建农产品产销联盟，进一步提升销售环节的组织化程度。

（二）品牌效应显著

农业龙头企业作为智慧绿色农产品供应链的核心，为提升农产品附加值并获取更高利润，高度重视农产品品牌建设工作。依托企业资源优势并联合供应链各环节主体，龙头企业着力打造具有市场影响力的农产品品牌。协调供应链上下游主体（包括上游农户/合作社和下游销售商）共同参与品牌推广销售，实现以品牌化带动供应链整体发展。在品牌建设过程中，龙头企业主导建立统一的生产经营标准和溯源体系，规范上下游各环节操作，确保农产品绿色安全品质，如统一制定生产规范，监督农户/合作社严格执行；建立全程质量追溯系统；规范销售环节的品牌使用标准等。通过品牌化发展战略，龙头企业可有效增强产品市场竞争力，提高市场占有率，显著提升了农产品附加值和消费者信任度，从而实现供应链价值的整体提升。

（三）供应链市场导向性强

企业以利润最大化为核心目标，通过持续关注市场动态来指导供应链运作。具体表现为：根据实时市场需求组织农产品生产供应，并随市场变化及时调整经营策略。在实施过程中，在上游环节，龙头企业采用订单农业模式向农户/合作社采购产品，同步传导市场需求信息，引导生产者按需组织生产；在下游环节，龙头企业及终端销售商密切跟踪市场需求变化，动态调整采购方案、加工计划和销售策略。供应链同时注重市场反馈，通过多种沟通渠道收集市场意见，持续优化产品品质、包装设计等，确保产品与市场需求保持高度契合。

（四）供应链稳定性好，协调整合度较高

农业龙头企业连接起农产品生产端与销售端，通过与各主体、各环节建立合作关系，保障农产品的稳定供应与销售推广。农业龙头企业的影响力较大，能够拉动并集聚供应链中的其他参与主体，形成完整的网链结构和长期稳定的合作伙伴关系（孙伟，2024）。农业龙头企业与各方的合作是一种长期的战略合作伙伴关系，各方共同协作，使得农产品供应链具有较强的稳定性。此外，农业龙头企业作为中间平台能够向供应链上、下游提供市场供求情况，并实现供应链与外部环境、供应链内部相关主体之间的利益平衡，使供应链发挥出最优的整体作用，推动供应链的协调整合（孙伟，2024）。

四、供应链合作机制

（一）契约保障机制

供应链各方的合作通常以签订正式合同为基础，通过达成协议建立战略伙伴关系。合同明确规定合作内容、期限、奖惩条款等细则，为供应链合作提供契约保障。例如，农业龙头企业通过订单农业采购上游农户或合作社的农产品时，明确的订单合同可确保双方合作的顺利开展。

（二）协调机制

农业龙头企业作为智慧绿色农产品供应链模式的核心主导者，有效连接了农产品生产与市场销售环节，协调各方建立稳定的合作关系。其在区域和供应链体系中占据重要地位，不仅组织供应链有序运行，还统一协调各环节主体的经营行为与合作关系。为促进地方农产品产业发展，部分地方政府主动引入龙头企业，构建以龙头企业为核心的供应链模式，并参与协调和监督各方合作活动。

（三）监督约束机制

在农业龙头企业与农户及合作社的合作中，企业通过订单明确约定农产品品质标准，可有效规范农户的生产行为。龙头企业不仅为生产环节提供技术支持和生产资料，还直接参与田间生产管理，实现对农户生产行为的监督与指导。同时，龙头企业也对下游销售商的市场行为进行规范管理，以维护市场秩序，保护品牌形象。

（四）激励机制

企业通过评估农户及合作社的产品市场表现，采取订单倾斜政策，优先向产品质量更优、生产成本更低的合作方分配更多订单。这种机制激励生产者通过提升智慧化和绿色化水平来提高农产品生产效率和产品附加值，同时促进农产品品质优化和供应链成本管控。

（五）信息资源共享机制

作为供应链的核心枢纽，农业龙头企业可有效促进各环节间的信息流通。农业龙头企业通过订单机制向生产者传导市场需求信息，通过技术指导分享生产技术；同时，销售终端向企业反馈市场动态和消费者偏好，为企业调整生产计划提供依据。依托技术和资源优势，龙头企业还通过建设数字化共享平台，进一步优化了供应链信息的高效传递与协同共享。

（六）利益与风险分配机制

在利益分配方面，供应链各方的合作首先通过合同确立明确的利益分配机制。例如，在与农户的合作中，订单合同明确规定了农产品收购价格，可保障农户的基本收益。在风险管控方面，这种合作关系可有效地降低各环节主体的经营风险：企业通过稳定合作获得可靠的农产品供应来源，降低原料供给风险；农户则通过稳定的销售渠道规避市场不确定性风险（康秀荣，2022）。同时，供应链通过明确各环节责任划分，进一步细化了风险分担机制。

第三节　以专业合作社为核心的智慧绿色农产品供应链模式

一、供应链模式概况

农民专业合作组织是在坚持家庭承包经营、保持各自财产所有权不变的前提下，按照自愿原则建立起来的经济互助组织（朱艳新和黄红梅，2011）。在以专业合作社为核心的智慧绿色农产品供应链模式（下文简称"以专业合作社为核心的智供应链模式"）下，专业合作社位于主导地位，负责将散落的农户集中起来，根据订单要求组织生产（闫初宇和李钊，2024）。

专业合作社主要为农户提供种子、化肥、饲料等生产原料和资源，并对农户的种植或养殖过程进行指导和培训，对农产品质量进行管理和监督，最后集中完成农产品的销售（谢琴，2024）。在以专业合作社为核心的供应链模式中，专业合作社与农产品加工企业、零售商等建立起基于契约的合作关系，在农产品价格的制定及农产品供应过程中占有主动权（高强和穆丽娟，2015）。专业合作社通过按需供应农资、农业生产指导服务、统一标准体系、智慧绿色生产技术规模化应用等方式实现了农业生产的智慧化与绿色化。

二、供应链运作流程

（一）农资供应环节

在以专业合作社为核心的供应链模式中，农业生产资料由专业合作社统一采购、统一供应。作为农户联合体，专业合作社与农资供应商建立集中采购合作关系：合作社通过大批量采购获得价格优惠，供应商则保障农资稳定供应并提供专业施用指导。为确保农产品的绿色化生产，合作社根据作物生长需求制定科学的农资分配方案，向成员农户定量配给化肥、农药等生产资料，有效地防止化肥等农资的过量使用。

（二）农产品生产环节

专业合作社通过整合分散的小农户，系统组织农业生产活动。通过土地流转和股份合作等形式，专业合作社将农户分散的土地集中连片，实现规模化的农业生产。在集中连片的土地上，专业合作社不断加大现代化、智慧化农业生产设施设备的投入，可极大地提高农业生产效率。如应用农业生产机械设备，实现快速播种、收获等；以数字化监测设备，实时监控农作物生长过程，依据监控数据结果，运用水肥一体化技术进行精准施肥等。在农户的生产过程中，专业合作社还会提供技术指导、资金、化肥、农药等支持，推动农户采纳绿色生产技术，开展绿色生产。

（三）农产品收购、加工环节

专业合作社除组织农户统一生产、统一收获智慧绿色农产品外，还负责收购社员及周边农户生产的符合标准的农产品。在采收和收购环节，专业合作社会制定完善的质量标准体系，明确规范农产品品质等级和分类标准，并依据市场行情和产品品质等因素确定收购价格。该价格机制在保障农户基本收益的前提下，会根据合作社实际经营状况进行适当调整。

在以专业合作社为核心的供应链模式中，作为核心主体的合作社通常自建农产品加工厂，对产品进行统一清洗、分拣和包装，将农产品分为不同等级，按不同市场价格出售。部分合作社进一步与食品加工企业合作，以优质农产品为原料开展精深加工，共同研发新产品，有效提升农产品附加值。

（四）农产品销售环节

为促进智慧绿色农产品销售，专业合作社采取线上线下双渠道推广策略。在线下渠道方面，专业合作社与批发市场合作，通过批发商将产品分销至超市、零售店等终端；或直接与大型商超建立直供合作。同时，合作社通过举办采摘节等活动，实现农业生产与休闲体验的融合，吸引消费者到基地直接采购。在线上渠道方面，专业合作社通常会与电商平台合作，建立全国性直销网络。

（五）农产品仓储运输环节

为确保农产品品质并延长保鲜期，合作社通常会在农产品产地建设冷链仓储设施，通过全程冷链储运和智能化管理系统实现产品保鲜。在物流配送方面，专业合作社与物流企业合作，建立高效流通体系，如针对大型商超等大宗客户，则通过专业的冷链运输车从产地直接运往其销售门店或仓库处；对于网上下单的消费者，则将农产品则交由第三方快递公司，由其负责配送。

三、供应链主要特点

（一）农产品生产与销售可控

以专业合作社为核心的供应链模式以专业合作社为运营主体，多数专业合作社兼具生产与销售职能，作为供应链主导者，同步管控农产品生产与销售全流程。在生产环节，专业合作社通过统一标准实施、技术指导监督及数字化设备监测等手段，确保生产过程的高度可控，有效提升农产品绿色品质。在销售环节，专业合作社承担着农产品销售的主体责任，通过洞察市场需求、打造农产品品牌等措施，提高农产品销售的可控性（梅雨微和马彬燕，2023）。

（二）以实现社员利益最大化为主要目的

农民专业合作社是由农业生产经营者及相关服务提供者自愿组成的互助性经济组织，严格遵循"成员以农民为主体""以服务成员为宗旨"等基本原则（刘若斯和刘丽芬，2022）。在智慧绿色农产品供应链中，专业合作社以农民利益为核心，致力于实现农户利益最大化。通过整合分散农户资源，专业合作社显著增强了农户的集体议价能力，可以为成员争取更多权益（闫初宇和李钊，2024），同时有效帮助小农户对接市场，依托组织优势培育区域农产品特色，提升市场竞争力（谈晶晶等，2021）。在供应链合作中，专业合作社通过与其他经营主体合作，降低生产成本，增强产品竞争力，扩大利润空间，并将经营收益通过分红、补贴等方式回馈社员。

（三）供应链组织化及专业化程度较高

根据经营的农产品的不同，可将专业合作社分为不同类别，如蔬菜种植专业合作社、柑橘种植专业合作社等。专业合作社往往仅经营一种或某几种农产品，以专业合作社为核心的供应链通常也只围绕少数农产品的供应展开，供应链的专业化程度较高。专业合作社作为经营主体负责开展农产品相关对外业务活动，使供应链生产环节达到高度组织化水平。

四、供应链合作机制

（一）契约保障机制

农户加入专业合作社时需完成正式登记或签订入社协议，专业合作社同时建立完善的规章制度，以保障社员权益。部分终端销售商（如大型超市）与合作社建立稳定供应关系，通过订单合同确保农户利益。供应链各主体间的合作均以书面协议为基础，通过契约化管理保障合作规范有序开展。

（二）协调机制

作为智慧绿色农产品供应链的核心，专业合作社负责协调组织农户生产活动，并统筹衔接生产、仓储与销售环节，同时管理合作社与其他供应链主体间的合作关系。

（三）监督约束机制

专业合作社对农户的农业生产活动实行统一组织和监督管理，通过建立农产品质量标准体系规范农户生产行为。同时，在专业合作社章程框架下，社员有权对合作社经营活动进行监督，形成农户与合作社之间的双向监督机制。

（四）激励机制

专业合作社实施差异化收购定价机制，根据农产品品质等级确定相应收购价格，以此激励农户规范生产流程、提升产品品质。作为农民的互助性经济组织，专业合作社按年度经营收益向社员分配利润，建立"收益越高、分红越多"的激励机制。同时，下游经销商通过订单采购和订单倾斜政策，持续激励合作社强化品质管控，确保农产品质量达标。

（五）信息资源共享机制

为确保农产品供应链稳定运行，供应链各环节建立了信息共享机制。专业合作社通过生产组织和技术指导向农户传递市场及技术信息，农户则通过参与专业合作社体系反馈生产信息。下游经销商通过订单等方式向专业合作社提供市场动态，专业合作社据此调整生产计划并向经销商同步供应信息，协助其优化销售策略。此外，专业合作社还会联合各方共建数字平台，整合供应、需求和物流数据，促进信息资源高效流动。

（六）利益与风险分配机制

在利益分配方面，供应链各主体在各自经营环节共享整体收益。作为核心的专业合作社在确保自身运作资金的前提下，通过标准价格收购和利润分红等方式向农户分配收益，并与销售商通过订单明确利益分配标准。在风险分担方面，供应链合作可有效降低各方风险：专业合作社承担农户生产环节的品质和销售风险，物流企业负责运输风险，而销售商则主要承担市场风险。

第四节　以现代农业产业园为核心的智慧绿色农产品供应链模式

一、供应链模式概况

现代农业产业园聚焦区域优势特色产业，构建"生产＋加工＋科技＋流通"的农产品全产业链体系，促进现代要素集聚，打造现代农业发展平台，实现农民共享产业链增值收益（万俊毅等，2024）。作为同行业企业的地理集群，产业园为农产品生产、加工和销售企业提供基础设施支持（Klerkx & Leeuwis，2008），形成规模经济与正向外部效应（张延龙等，2022）。

以现代农业产业园为核心的智慧绿色农产品供应链模式（下文简称"以产业园为核心的供应链模式"），通过集聚农资供应商、"农户＋合作社"、加工企业、批发商和物流企业等供应链主体，实现农资供应、生产加工和批发销售等环节的园区化运作。该模式以绿色高品质农产品为主要产出，依托规模化生产和智慧绿色农业技术投入，持续提供优质农产品。

二、供应链运作流程

（一）种苗研发与培育环节

现代农业产业园通过与高校、科研机构及专业种业企业合作，采取资金支持和场地保障等措施吸引科研单位入驻园区。双方共建种子研发中心等机构，协同推进农产品品种改良和新品种研发工作。科研机构和种业企业充分发挥技术优势，在产业园提供的实验条件下，既改良现有品种品质，又培育适应当地生产的绿色新品种。

为加速科技成果转化，产业园联合专业种苗企业建设规模化育苗基地，批量生产优质种苗。基地通过示范推广促进新品种应用，同时承担园区及周边农户的种苗供应任务。

（二）农产品生产环节

现代农业产业园采用"企业＋合作社＋农户"模式组织智慧绿色农产品的生产，通过经营主体引导，将当地分散的小农户聚集起来，通过土地流转等方式将分散的土地整合连片，以开展农产品的规模化生产。园区农业生产严格遵循现代农业产业园的发展定位，实施现代化管理，确保产出高品质绿色农产品。具体措施包括：选用优质绿色品种，减少化肥农药使用；广泛应用数字农业技术，通过实时监测和数据分析，实现精准施肥、施药，以智能化促进农产品的绿色化生产。

（三）农产品加工环节

产业园内建设有农产品加工厂，农产品收获后能够迅速实现初加工：对农产品进行清洗、分拣、包装等简单加工，并根据一定的标准，依据农产品品质将其分为不同等级，进行分级处理。产业园还通过与大型食品企业合作，达成智慧绿色农产品供应与加工协议，后者会在产业园内或附近建设农产品深加工厂，产业园农产品在收获并经过简单处理后直接运往深加工厂，提高农产品的附加值。

（四）农产品仓储环节

通过吸引专业仓储公司布局，产业园与企业合作建设大型农产品冷链仓库。园区内农产品在经过初加工后，被统一运往冷链仓库进行储藏管理。冷链储藏技术有效延长了农产品的保鲜时间。依托专业仓储公司先进的仓库管理经验以及数字化仓库管理系统的应用，可实现对仓库内农产品的有序管理。

（五）农产品市场销售与运输环节

现代农业产业园推动多样化的智慧绿色农产品销售推广，措施大致包括：产业园与食品企业、大型连锁超市等直接达成农产品采购合作，食品企业或大型超市通过订单直接向产业园采购农产品，产业园利用专业冷链物流车实现产地直供；通过与专业农产品贸易企业合作，在园区建设大型农产品批发市场，吸引来自全国各地的农产品批发商、采购商、零售商等，通过批发市场交易实现园区智慧绿色农产品的销售推广；部分产业园还通过举办相关活动，如农产品博览会、农产品采摘节等，吸引厂商或消费者到产业园参观体验，农产品需求量较大的客户可能在现场达成供应订单；普通消费者则可以现场采摘、现场购买。

三、供应链主要特点

（一）供应链集聚效应显著

现代农业产业园是农业及相关产业集群的重要载体，发挥着要素聚集的作用，聚集了土地、资金、技术和人才等农业生产要素，为入驻园区的农产品供应链各环节经营主体提供了保障（张延龙等，2022）。供应链通过发挥园区集聚效应，提高资源要素配置效率，形成规模经济（赵海燕等，2024）。在产业园的统一组织与领导下，供应链各主体实现就近合作，实现资源共享、技术交流与协同发展，也使农产品能够在不同环节快速流动，提高供应链效率和响应性，显著降低供应链成本。

（二）农产品附加值提升显著

以产业园为核心的供应链模式，注重农产品品牌的打造，联合园区内农产品供应链生产、销售主体，共同开展特色农产品的品牌建设活动，可显著提高农产品的附加值。产业园通过提升农产品的品质以及举办农产品展销会等活动，宣传推广农产品，可为农产品品牌塑造良好的社会形象。产业园还与食品企业深度合作，对绿色农产品进行精深加工，可进一步提升农产品附加值。

（三）供应链可控度较高

供应链中农资供应、智慧绿色农产品生产加工、农产品仓储、农产品销售等环节聚集于产业园内，可实现一体化发展。产业园作为供应链核心，能够对农产品供应链的各环节进行统一的质量控制与管理。同时，现代农业产业园多建设有统一的信息平台，能够在一定程度上实现对农产品供应链的管控。

（四）供应链现代化程度较高

以产业园为核心的供应链模式，通过产业园联合企业等供应链主体，投入现代化的农业生产机械设备，实现生产现代化；同时，产业园也通过大数据、物联网等数字信息技术，可实现供应链经营管理的现代化。

四、供应链合作机制

（一）契约保障机制

供应链各环节需通过与现代农业产业园签订合作协议才能入驻产业园，大型超市等农产品终端销售商也通过订单等方式与产业园合作，向产业园采购农产品。供应链上各方间的合作都以明确的契约为基础，通过契约保障双方合作有序开展。

（二）协调机制

产业园作为智慧绿色农产品供应链模式的核心，具有协调供应链上各方合作的作用。为保证供应链的有序运行，产业园通过建立专门的协调组织机构，联合各方共同制定产业园规章制度及组织原则，作为互信的凭证（杨璐璐，2019）。产业园还会通过组织各环节经营主体开展经常性的沟通交流，协调各环节经营行为。

（三）监督约束机制

现代农业产业园作为供应链的核心，对产业园内农产品生产经营行为进行统一的监督与约束。一方面，产业园通过制定统一的规章制度以及农产品质量体系标准，督促各经营主体依据相关规范及标准开展生产经营活动，以此监督约束农产品生产经营过程；另一方面，产业园通过搭建数字信息平台，利用互联网技术对农产品供应链进行实时监控，实现农产品的追踪溯源，从而加强对供应链的监督。此外，产业园还通过向社会开放供应链各环节的入园参观与体验，引入社会监督机制。

（四）激励机制

现代农业产业园主要通过奖励补贴、资金支持、政策优惠等方式，激励供应链各环节经营主体不断提高农产品品质、实现绿色生产、降低农产品价格。

（五）信息资源共享机制

产业园管理方会组织园区内企业、机构开展经常性沟通与交流，交换信息资源，并通过园区建设的信息平台，实现信息资源的共享。

（六）利益与风险分配机制

产业园作为农产品供应链各主要环节集聚的载体，对外与其他农产品经营主体（如大型农业商超）在共同分享智慧绿色农产品供应链利益的同时，也共同分担供应链发展风险。产业园内供应链各环节间的合作，通过协议明确利益分配，通过农产品溯源体系分配风险损失。此外，产业园作为组织者与供应链主导方，也会帮助各环节经营主体分担一定的风险损失。

第五节　以第三方物流公司为核心的智慧绿色农产品供应链模式

一、供应链模式概况

第三方物流是独立于产品卖方与买方的专业从事货物传递的机构，已成为国民经济体系中具有独立运行特征的产业（王之泰，2018）。农产品供应链中的第三方物流公司是指独立于农产品生产供应商和市场销售商，专业提供农产品物流运输中的仓储、包装、物流方案设计、计划实施及供应链创新等服务的机构，通过与农产品生产供应商、市场销售商等建立长期稳定的合作关系，形成规范的物流服务与利益分配机制（张伟，2014）。

以第三方物流公司为核心的智慧绿色农产品供应链模式（下文简称"以第三方物流公司为核心的供应链模式"），是通过第三方物流公司整合农产品供应商、加工商、批发商、零售商及终端消费者等供应链主体，运用智慧信息平台优化资源配置，提供专业物流配送服务，降低整体供应链物流成本，为相关企业和社会创造效益的新型供应链模式（浦玲玲，2014）。

在该模式中，物流公司有效连接农产品生产供应商与终端销售商，主导构建一体化农产品供应链。物流公司通过搭建农产品物流信息平台，吸引各地供应商与采购商入驻，实现智慧绿色农产品供需信息交互和交易达成。为确保农产品质量安全，物流公司与供应商建立运输合作关系，加强源头质量检测；在运输过程中应用智慧冷链物流等技术，提升运输智能化水平，降低农产品损耗。

二、供应链运作流程

（一）农产品生产供应环节

在以第三方物流公司为核心的供应链模式中，为确保供应链能稳定供应高品质绿色农产品，物流公司与农产品生产供应商建立了稳定、长期的合作关系。在物流公司保障农产品快速运输的同时，也对通过其物流网络运输的农产品品质提出了严格要求，并联合专业检测机构进行品质检测。

（二）农产品产销匹配环节

农产品生产供应商与市场销售商或终端消费者达成产销合作后，物流公司即可开展农产品运输。在以第三方物流公司为核心的供应链模式中，物流公司搭建农产品供应链服务平台，吸引各地生产供应商与采购商（包括大型连锁超市、零售商、食品企业等）入驻，实现智慧绿色农产品供需信息在平台上的聚合，通过平台达成交易，有效促进产销匹配。第三方物流公司还通过与社区合作，通过发展"社区团购"等方式，将服务延伸至普通消费者。

（三）农产品仓储、分拣包装环节

在物流公司完成产销匹配后，生产供应商对农产品进行简单包装，物流公司将农产品运至冷链物流园区进行进一步处理。在集冷链仓储、分拣包装等功能于一体的园区，物流公司对入园农产品进行品质检测并赋予专属二维码，记录农产品产地、检测结果及物流信息。园区配备完善的冷链仓储设施和智慧化系统，确保农产品新鲜度并实现快速分拣包装。

（四）农产品运输环节

物流公司通过智慧物流配送网络，快速将农产品配送至采购商或消费者。物流公司的智慧物流调度中心可通过大数据分析，优化农产品的配送路线，统一调度农产品的配送，提高配送效率。对生鲜农产品，物流公司主要通过冷链物流车进行配送，实现农产品全程冷链运输，可极大地保证农产品的新鲜度。

三、供应链主要特点

（一）农产品流通效率高

在以第三方物流公司为核心的供应链模式中，第三方物流具有信息平台和信息技术的优势，比农产品供应链上其他企业更了解市场和物流技术。物流公司利用其强大便捷的信息网络提升订单处理能力，通过灵活运用物流新技术，可显著提高农产品的运输效率（杨学义和李新卯，2011），从而整体提升农产品流通效率。

（二）信息相对集中

第三方物流公司作为连接农产品产销双方的纽带，汇集了供应链上的供需信息、物流信息等多种信息流。物流公司通过搭建数字信息平台整合这些信息，可有效提高供应链的供需匹配度和运作效率。此外，该模式融入了射频识别技术（RFID）及条码技术等现代信息技术（温秀丽和余俊，2015），可促进信息快速流转，使供应链信息更加集中。

（三）供应链规模效应显著

以第三方物流公司为主导的供应链具有显著的物流资源整合优势（浦玲玲，2014）。物流企业通过整合小批量送货需求实现规模经济效益，凭借专业的物流组织经验降低企业运营成本，提升服务质量，增强供应链运作灵活性。第三方物流公司还能组织多个客户的共同物流，相较于单个客户，更能实现供应链的规模效应（杨学义和李新卯，2011）。

（四）供应链分工明确、专业化程度较高

以第三方物流公司为核心的供应链模式促使供应链各环节经营主体，集中资源发展核心能力，确保自身持续获得较高利润，有助于有效解决供应链部分环节主体规模较小、组织化程度较低的问题（杨学义和李新卯，2011）。在该模式下，供应链各经营主体能专注于自身优势领域：农产品生产供应商专攻绿色农产品生产，第三方物流公司专注农产品运输，销售商则专精市场销售。这种明确的分工可显著提升各环节的专业化水平。

四、供应链合作机制

(一) 契约保障机制

在以第三方物流公司为核心的供应链模式中,供应链上不同环节经营主体之间的合作多以协议作为基础,并以契约作为双方合作活动正常开展的保障。农产品生产供应商与物流公司通过签订具体的合作合同,达成合作关系,这种契约形式可有效保障农产品的实时供应。

(二) 协调机制

该供应链模式以第三方物流公司为核心,各环节农产品经营主体之间的行为主要由第三方物流公司负责组织协调。为实现智慧绿色农产品供应链整体利益的最大化,并保证供应链能够稳定、长久地运行,物流公司作为供应链核心,通过为各方搭建有效的交流平台以及促成各方之间的相互合作,实现对各方行为的有效协调。

(三) 监督约束机制

在以第三方物流公司为核心的供应链中,各环节农产品经营主体在加强自我监督约束的同时,也可实现不同环节之间的相互监督约束,具体表现为:在第三方物流公司与农产品生产供应商的合作中,为确保运输的农产品在源头端就具有较高品质,物流公司通过建立完善的农产品质量标准体系、实施严格的农产品品质安全检验以及建立黑名单制度等措施,对农产品生产供应商的生产行为进行监督和约束;同时,农产品生产供应商也会对物流公司的运输行为进行监督。此外,物流公司与其他主体通过合作搭建的农产品追溯体系,完整记录了农产品的产地、物流等信息,这一机制可有效实现对供应链各主体生产经营活动的监督约束。

(四) 激励机制

在该供应链模式中,农产品生产供应方或需求方通过对物流运输公司的选择偏好,形成对第三方物流公司不断提升农产品物流运输服务质量的持续激励。同时,农产品采购商对绿色农产品的订单需求,也可对农产品生产供应商不断提高农产品品质产生显著的激励作用。

（五）信息资源共享机制

以第三方物流公司为核心的供应链具有信息共享的独特优势。作为连接农产品供需双方的纽带，物流公司掌握着来自各方的农产品供求信息，成为整个供应链信息资源流动的关键节点。物流公司通过搭建专业的数字信息平台，将供应链上来自各方的信息资源统一收集到平台上，使各环节经营主体能够通过信息平台快速获取供需情况、物流动态等重要信息，从而真正实现信息资源的共享。

（六）利益与风险分配机制

在以第三方物流公司为核心的供应链中，各环节分工明确、各司其职，这种专业化分工在增加供应链整体效益的同时，也可有效降低供应链的整体风险。如农产品生产供应商获取农产品生产和供应环节的收益，同时承担农产品品质风险；第三方物流公司获取农产品运输环节的收益，同时承担农产品运输过程中的损耗风险；农产品市场销售商则获取农产品市场销售环节的利益，同时需要承担农产品市场价格波动的风险。这种合理的分配机制可确保供应链的稳定运行。

第六节　以智慧农批市场为核心的智慧绿色农产品供应链模式

一、供应链模式概况

农产品批发市场（下文简称"农批市场"）是以粮油、畜禽肉、蛋类、水产、果蔬等农产品及其加工品为交易对象，为买卖双方提供长期、固定的场地设备设施，并具有价格形成、信息展示、商品集散等功能的交易场所。农批市场主要分为产地批发市场和销地批发市场两种类型（贾强法，2017）。

以农批市场为核心的智慧绿色农产品供应链模式，是指以产地或销地的批发市场作为连接中心，将生产端的农产品通过批发市场进行集中展示，再经由加工企业、连锁超市、批发商等组织或个人渠道实现批量销售（孙伟，2024）。传统的以农批市场为核心的农产品供应链模式存在若干缺陷，包括中间环节过多、运输时间过长、保鲜储存设备简陋、食品安全难以保障、信息传递滞后等问题，最终导致生产者收益减少、消费者购买价格偏高等突出矛盾（施云清和余朋林，2022）。

近年来，随着互联网信息技术的发展，部分农批市场进行了升级改造，通过融入互联网信息技术，重构消费场景，加速实现数字化转型升级。这种线上线下融合的模式，重塑了农产品交易的时间和空间维度，显著提高了农产品交易效率，形成了新型智慧农批市场（关颖等，2024a）。智慧农批市场的出现推动了以智慧农批市场为核心的智慧绿色农产品供应链模式（下文简称"以农批市场为核心的供应链模式"）的形成，该模式在传统供应链基础上融入互联网信息技术，实现农产品交易数字化，并持续完善冷链仓储物流、食品安全监管等配套设施及相关服务（关颖等，2024b），确保供应链的高效运作和快速响应能力。

二、供应链运作流程

（一）农产品生产供应环节

对于产地智慧农批市场而言，其绿色农产品供应主要来源于市场当地及周边的农户或合作社。这类市场通过与附近农户、合作社、农产品生产基地等生产主体建立长期合作关系，吸引其入驻市场，从而保障绿色农产品的稳定供应。同时，智慧农批市场通过提供现代化农业生产设施设备，支持、开展农业绿色生产技术宣传等方式，引导农户等生产主体实施规模化、智慧化、绿色化的农业生产。

对于销售地智慧农批市场而言，其绿色农产品供应来源更为广泛，可涵盖全国各地的专业合作社、农产品生产基地和生产企业等。这些供应主体通过将鲜活农产品及其加工制品运输至销售地批发市场完成销售。此外，专业农产品批发商和经纪人也是重要的供应主体，他们通过深入产地采购绿色农产品，再通过批发市场进行销售。

（二）农产品仓储环节

各农产品供应商和一级批发商将绿色农产品运送至智慧农批市场后，农产品会被存放在专门的储藏区域。智慧农批市场会对入场农产品进行严格的品质安全检验，只有符合标准的绿色农产品才被允许进入。为提升仓储水平，智慧农批市场通常与专业冷链仓储公司合作，在农批市场内建设大型冷链仓库，并运用信息技术实施统一的农产品仓储管理。

（三）农产品批发环节

智慧农批市场建立了完善的大数据信息平台，集中记录和展示农产品供应、需求、价格、成交量等交易信息。这些信息通过电子屏幕或专用软件向市场实时发布，结合线上线下渠道促进买卖双方快速达成交易，显著提升市场运作效率。农产品供应商等通过入驻智慧农批市场，对农产品进行展示、促销；农产品采购商通过浏览市场信息、进行价格比较等，寻找合适的农产品采购来源，与商家达成买卖合作。

（四）农产品运输环节

智慧农批市场内设有专门的分拣包装和物流运输区域，并与多家物流企业建立长期合作关系。在智慧农批市场，农产品买卖双方达成交易后，系统能快速匹配专业物流服务商，为买卖双方提供高效的运输解决方案，大幅节省物流对接时间。

（五）农产品市场分销环节

大型智慧农批市场主要服务大宗农产品采购客户，单笔农产品交易量较大，其采购商主要包括大型超市、食品企业和二级批发商等。这些采购主体通过不同渠道将产品最终送达消费者：大型超市会对采购产品进行简单处理后，配送至各门店；食品企业则会对农产品进行精深加工，制成食品出售；二级批发商则会将农产品分销至农贸市场、小型零售商等终端销售网点。

三、供应链主要特点

（一）供应链信息较为集中

智慧农批市场作为连接农产品生产端与分销、销售端的重要中间环节，是供应链信息流动的关键枢纽和重要集散地。农产品生产供应商将智慧绿色农产品的生产、供应等信息汇集至批发市场，各采购商也将市场需求信息带入市场，使得供需信息与物流信息在此高度集中。这种信息资源的相对集中，可为各方提供便利的信息共享和利用条件。

（二）农产品交易的可视化程度较高

智慧化和数字化是智慧农批市场的突出特征。通过运用物联网等信息技术，农批市场构建了统一的数字信息平台，对市场内绿色农产品的入场、交易、出场及物流等信息进行全面采集和整合。市场通过设置电子大屏或开发专业软件等方式，向各参与主体直观展示交易信息，可显著提升农产品交易的可视化水平。

（三）供应链参与主体的多元化

该模式以智慧农批市场为核心，吸引了众多经营主体参与智慧农批供应链建设。在市场建设方面，政府、批发市场、金融机构、科技企业、仓储物流公司等共同参与；在供应环节，众多农户、合作社和生产企业确保稳定货源；在批发环节，食品企业、大型商超和批发商构成主要采购力量；在分销环节，零售商店和农贸市场等将产品最终送达消费者。这种多元主体参与格局可有力推动绿色农产品供应链的发展。

（四）交易市场具有较强独立性

在以农批市场为核心的供应链模式发展初期，政府是批发市场的主要监督者和管理者。随着该农产品供应链模式的逐步成熟，市场自我调节机制不断完善，智慧农批市场逐渐实现独立运营和自我优化（高隽莹，2022）。在此阶段，政府主要发挥服务职能。保持智慧农批市场的较强独立性，是该模式实现长效运行的重要基础。

四、供应链合作机制

（一）契约保障机制

在该模式中，各环节经营主体间通过签订契约合同明确双方的合作内容，并通过契约协议的约束保证各方合作活动的正常开展，以此保障各方的合法权益。

（二）协调机制

在该模式中，智慧农批市场作为供应链上最主要的协调主体，开展了一系列协调各方主体的活动：通过制定完善的市场规章制度，设立市场综合管理协调部门来维护良好的市场秩序；同时牵头为各方搭建沟通交流的渠道与平台，增进各方的了解与信任。

(三) 监督约束机制

为确保以农批市场为核心的供应链模式能够持续供应绿色农产品，该供应链以智慧农批市场为主导，构建了多层次的监督约束机制。为确保批发市场内农产品的品质，智慧农批市场设置专人实时监督长期合作供应商的农产品生产活动，监督约束其生产行为；严格执行农产品入场检验制度，只有符合标准的农产品才允许进入市场销售。为维护良好的市场秩序，批发市场制定完善的市场规章制度，成立专门的市场监管部门，并通过黑名单制度约束各主体行为。批发市场通过互联网等信息技术对各经营主体进行智慧化监督，如通过收集、汇总农产品供需及物流信息，建成农产品溯源系统，实现对农产品的追踪溯源，保障农产品的绿色生态品质。

(四) 激励机制

农产品品质、采购服务质量及市场采购体验是采购商关注的重点。对于品质更优、服务更好的农产品，采购商会增加采购量或建立长期稳定的合作关系，这种市场机制持续激励各方提升农产品品质和服务质量。

(五) 信息资源共享机制

智慧农批市场有较大的规模和较高的组织化程度，拥有现代化的信息平台（邱晓君，2024）。在以农批市场为核心的供应链模式中，供应链上各环节经营主体主要通过智慧农批市场搭建的数字信息平台实现信息资源的共享。

在农产品入场时，农产品生产供应商等会向批发市场填报该批次农产品的产地、数量、价格等信息；在农产品采购商等入场采购农产品前，批发市场也会收集其采购意向；部分智慧农批市场还会联合银行等机构，构建农批市场专属的支付平台，通过将支付平台与市场信息平台连接，收集市场交易信息。智慧农批市场将收集到的各类信息统一汇总至信息平台，并通过多种渠道实现信息共享：在市场中铺设电子大屏幕实时展示市场信息资源，或开发专用移动应用软件，供市场各方随时获取所需的各类信息资源。

(六) 利益与风险分配机制

供应链各参与主体按照经营业务合理分配收益。作为供应链的核心，智慧农批市场通过严格准入制度分担农产品品质安全风险，通过市场担保机制分担信用风险，实现风险的有效分配。

第七节　以大型连锁超市为核心的智慧绿色农产品供应链模式

一、供应链模式概况

以大型连锁超市为核心的农产品供应链模式是市场拉动型模式（陈毅等，2021），即以大型连锁超市为主导带动形成的农产品供应链模式。该模式强调大型超市发挥供应链核心企业作用，并对整个供应链实施整合（邱晓君，2024）。作为我国农产品供应链的重要组成部分，传统大型超市主要通过农产品生产基地、批发商、农民合作组织、批发市场等渠道采购农产品，虽然采购方式多样，但不利于统一管理（贾强法，2017）。

现阶段的大型连锁超市通常具有广阔的分销网络和贴近终端消费者的特点，凭借自有物流体系优势（陈毅等，2021），直接从农产品生产基地、农民合作组织、种植规模户等产地采购农产品。随着"互联网＋"技术的发展，主要大型连锁超市都在进行变革创新，通过与电商平台合作，利用线上平台拓展业务，实现线上线下融合发展（关颖等，2024a）。

以大型连锁超市为核心的智慧绿色农产品供应链模式（下文简称"以大型连锁超市为核心的供应链模式"），是指以大型连锁超市为核心和主导，通过与农产品生产商直接合作，从产地采购智慧绿色农产品，并为生产者提供统一指导，包括农业生产计划制订、仓储保管和流通服务等，通过线上线下相结合的方式，为终端消费者提供高质量、无污染农产品的供应链运作模式（陈毅等，2021）。在该供应链中，大型连锁超市主要负责管控农产品品质，通过制定采购标准、提供智慧绿色生产技术指导、参与生产过程监督以及严格管理流通过程等措施，确保持续为消费者提供智慧绿色农产品。

二、供应链运作流程

（一）农产品生产环节

在以大型连锁超市为核心的供应链模式中，大型连锁超市主要通过"农超对接"的方式直接从产地获取智慧绿色农产品，通过与农产品生产者，如农户、合作社、农产品生产企业等直接合作，共建农产品生产基地。大型连锁超市为基地提供资金、技术等支持，基地则组织当地农户等生产智慧绿色农产品，并由超市统一销售。在生产过程中，大型连锁超市向农产品生产者约定农产品品质要求，引导其开展绿色生产。通过基地统一组织规模化生产，并利用超市提供的资金技术支持，基地能够采购应用现代化、智能化农业设备，有效提升农业生产效率和智慧化水平。

（二）农产品采购加工环节

大型连锁超市主要通过订单、产地直采等方式采购农产品。一方面，大型连锁超市与各农产品生产者达成稳定合作关系，以合同订单的形式提前采购农产品，而农产品生产者则能够根据订单制订生产计划；另一方面，大型连锁超市设有专业的农产品采购团队，通过深入产地寻找较高品质的绿色农产品。大型连锁超市会将农产品运往加工厂进行加工处理，部分加工厂还具有对农产品进行精深加工的能力，以提高农产品的附加值。

（三）农产品运输环节

大型连锁超市往往建有自主的农产品物流运输体系，或通过与专业物流公司合作共建农产品物流运输网络，可以将生鲜农产品快速运输到连锁超市各线下门店或仓库内。对于部分保鲜期短、运输过程中易损耗的鲜活农产品，大型连锁超市采取全程冷链运输的方式，保证农产品的新鲜度。

（四）农产品仓储环节

大型连锁超市通常会布局建设产地仓及市场仓，在农产品产地采购农产品后，会将其置于产地仓或市场仓进行储藏管理。大型连锁超市常通过与仓储管理公司等合作建设大型、综合性的农产品仓库，通过互联网等技术对农产品进行智慧化、精细化管理。

（五）农产品市场销售环节

在以大型连锁超市为核心的供应链模式中，绿色农产品的市场销售以线下超市门店销售为主，同时结合线上渠道，实现线上线下销售渠道的协同。大型连锁超市在各地布局智慧绿色农产品线下门店销售网络，以品种多样的农产品吸引消费者进店体验和购买；同时，通过与电商平台合作或自主开发线上商城APP、小程序等方式，拓展绿色农产品的销售渠道。消费者线上下单后，可选择就近到超市门店自提，或由线下超市门店提供配送服务，实现配送到家。

三、供应链主要特点

（一）中间环节少，农产品流通效率高

大型连锁超市通过"农超对接"，在绿色农产品生产端与销售端之间建立直接联系，避免了农产品流通中的多次批发，相较于其他供应链模式有效减少了供应链的中间环节（施云清和余朋林，2022）。得益于"农超对接"以及"产地直采"等模式，大型连锁超市能够快速采购绿色农产品，再通过专属的农产品运输网络快速、便捷地将农产品运往超市直接销售给消费者（关颖等，2024a）。该模式缩短了农产品供应链长度，降低了交易和运输成本，有效提升了流通效率（孙伟，2024）。

（二）市场反应灵活

以大型连锁超市为核心的供应链模式是终端市场拉动型供应链，相较于其他以不同节点为核心的农产品供应链模式，该供应链模式具有接近消费者、市场反应灵活的优势（陈毅等，2021）。大型连锁超市直接与终端消费者相连，能以消费者为核心，以上游供应商为关注对象，实现节点之间物流、信息、资金的快速反应和协调，快速应对市场变化（朱长宁，2013）。大型连锁超市拥有大量最新的消费需求信息，能据此及时调整所销售农产品的种类和数量，具有较强的市场应变能力（孙伟等，2024）。

（三）供应链可控度较高

在以大型连锁超市为核心的供应链模式中，大型连锁超市作为核心与主导，通过直接与农产品生产者合作，参与农产品生产过程管理并从产地直接采购，减少中间环节，便于对供应链的管控。此外，大型连锁超市具有集聚效应，有利于建立农产品可追溯体系（邱晓君，2024），通过构建农产品溯源智慧体系，进一步增强对供应链的管控能力。

（四）供应链品牌效应显著

大型连锁超市通常拥有较高知名度的品牌，通过持续供应高品质绿色农产品并注重提升消费者购物体验，能够不断提高品牌价值，进而带动整个供应链发挥品牌效应和实现价值。

四、供应链合作机制

（一）契约保障机制

大型连锁超市主要通过签订契约合同等方式与供应链上游的农产品生产供应商展开合作，通过合同明确双方合作建设绿色农产品生产或采购基地，规定大型连锁超市向农产品生产者预定的农产品数量、标准、价格等内容。契约有效保障了双方合作活动的正常开展以及供应链的稳定运作。

（二）协调机制

大型连锁超市是保障供应链稳定运行和各方合作正常开展的主要协调主体。供应链上的主要合作内容包括大型连锁超市与农产品生产者就智慧绿色农产品生产供应达成的合作。作为供应链核心，大型连锁超市通过制定和监督农产品生产加工的质量安全标准、规范化肥农药等农业生产资料的使用以及建立农产品可追溯体系，实现对供应链各环节的统一协调（张一山等，2013）。

（三）监督约束机制

在大型连锁超市与农产品生产者的合作中，为确保农产品品质安全，大型连锁超市通过多种方式对农产品生产行为进行监督与约束，具体表现为：大型连锁超市与农产品生产者建立长期稳定的农产品供应合作关系，双方共同建设农产品生产基地。大型连锁超市通过提供资金支持、技术指导与服务等方式参与智慧绿色农产品生产过程，实现现场监督。同时，大型连锁超市主要采用订单方式采购智慧绿色农产品，在订单中明确规定农产品品质标准，以此约束农产品生产者的生产行为。此外，大型连锁超市通过建立农产品溯源体系，将供应链各环节信息统一录入，便于农产品追踪溯源和品质安全问题追责，有效约束供应链各经营主体的行为。

（四）激励机制

在以大型连锁超市为核心的供应链模式中，大型连锁超市通常与多个农产品生产者建立绿色农产品供应合作，通过订单激励措施，促使生产者提升农产品品质和生产智慧化程度，以降低成本，获得更多订单。同时，消费者的购买决策基于农产品品质、价格和服务体验等因素，这也激励超市持续提升产品质量、优化价格和完善服务，以吸引更多顾客，增加利润。

（五）信息资源共享机制

在以大型连锁超市为核心的供应链模式中，供应链各方建立了紧密的合作伙伴关系，形成了以大型连锁超市为核心的智慧绿色农产品一体化供应链体系。这一体系有效促进了信息资源在供应链各经营主体间的流通与共享：农产品生产者能够随时将生产信息共享给大型连锁超市，而超市则通过订单形式反馈市场信息，并通过技术指导共享相关技术信息。此外，通过建立的农产品溯源体系，智慧绿色农产品被赋予专属二维码，供应链各主体扫码即可查看完整的供应链信息，这进一步强化了信息资源的共享机制。

（六）利益与风险分配机制

在利益分配方面，供应链的稳定运作为各经营主体带来持续收益。大型连锁超市主导制定明确的利益分配机制，如通过采购订单向生产者分配收益，农产品品质越高、数量越多，生产者收益越大。在风险分担方面，供应链上各主体稳定的合作关系降低了供应链整体风险，并实现风险共担，包括共同承担品质安全风险和农业生产中的自然风险等。

第八节　以电商平台为核心的智慧绿色农产品供应链模式

一、供应链模式概况

以电商平台为核心的智慧绿色农产品供应链模式（下文简称"以电商平台为核心的供应链模式"），是借助电商平台的信息整合与资源调配功能，将智慧农业技术贯穿于农产品生产、加工、流通到销售的全过程，实现绿色、高效、精准的农产品供应体系。该模式通过各环节的紧密协作与智慧化运作，实现农产品从生产到消费的高效流通，为消费者提供绿色优质的农产品，提升农业生产效率与经济效益，同时推动农业产业升级与可持续发展。

电商平台在该供应链模式中发挥着关键的信息枢纽作用，连接农产品生产者、加工企业、物流配送商与消费者，实现供需信息的高效匹配与流通，促进多方协同发展。基于多方协作的电商平台，可根据消费者需求和供应商所在地确定最佳配货配送方式，减轻市场信息不对称，优化农产品供给机制，减少流通环节。这不仅能够降低供应链成本、提高效率，还能减少产品损耗、提升产品质量。

对企业而言，电商平台能帮助供应链各环节实现信息流、资金流和物流的全方位管理与监控，消除系统内部不确定性（高鹏和孙智君，2021）；对消费者而言，可通过电商平台对供应链各环节进行追踪溯源，提高农产品流通的透明度，从而增强消费者信任度与忠诚度。

二、供应链运作流程

（一）农产品生产加工环节

在以电商平台为核心的供应链模式中，电商平台与优质农产品供应商建立稳定合作关系，通过平台主推确保充足绿色农产品供应。电商平台采取多项助农措施：一方面基于大数据分析消费者需求偏好、购买量及地域分布等信息，反馈给生产者以指导生产规划，避免盲目跟风和产能过剩（陈梦和付临煊，2017）；另一方面通过合作共建、技术指导等方式提升农产品生产的智慧化、绿色化水平。通过供应链协同，农产品从产地开始即被赋予专属二维码，完整记录供应链信息。

在农产品加工环节，加工企业根据电商平台提供的市场需求信息，确定产品种类、规格、口味和包装形式，实现按需生产。采用先进工艺设备，遵循绿色食品标准，在保证营养口感的同时延长保质期、提升附加值。严格控制添加剂使用，确保产品绿色健康。电商平台引入智慧监控系统实时监督生产环境和加工流程，确保符合绿色标准；同时推广先进智慧加工技术与设备，提升科技水平和生产效率。

（二）农产品仓储环节

智慧绿色农产品仓储场所配备了先进的温湿度控制、通风及防虫防霉设备，利用物联网技术实时监控环境参数并反馈至管理系统。智能库存管理系统实时记录分析出入库、盘点等数据，精准掌握库存信息。仓储系统与物流配送系统对接，根据订单提前安排分拣装载。

（三）农产品市场销售环节

电商平台利用大数据分析技术，深度挖掘消费者的购买行为数据，针对不同地区、不同消费群体推送个性化的农产品推荐信息和促销活动，提高产品的曝光度和销售转化率。同时，电商平台通过直播带货、专题页面、社交分享营销等多种形式，向消费者全方位呈现农产品的绿色生产过程与优质特性，提升产品知名度与信任度；通过设立绿色农产品专区，集中展示经认证的产品，详细呈现农产品的绿色标准、产地环境、检测报告等信息，增强消费者购买欲望。消费者购买后可将产品分享至社交平台，吸引更多潜在消费者购买。电商平台智能算法可以依据市场供需、成本、竞争等因素，在节假日期间根据需求实时调整绿色农产品价格，确保产品竞争力与利润空间。在售后服务方面，电商平台为绿色农产品提供溯源查询、冷链配送、无忧售后等增值服务，提升消费者消费体验与满意度，促进产品销售；还建立客户反馈处理机制，促进商家改进产品质量和服务水平。

（四）农产品配送环节

电商平台与专业农产品物流配送公司进行合作，共同推动智慧绿色农产品的配送。双方通过利用大数据和人工智能技术，分析历史交易数据、天气等多维度信息，预测不同地区的需求波动，合理规划库存和配送资源，提升农产品运输的时效性。针对不同类型的农产品，电商平台会采用合适的运输方式和包装材料；运输过程中利用全球定位系统（GPS）、地理信息系统（GIS）和物联网技术，实时跟踪监控运输车辆和货物，电商平台、供应商以及消费者均可随时查询货物的运输位置、运输状态以及预计到达时间等信息。部分电商平台还与本地其他企业、生鲜电商或零售商合作，建立区域配送中心，共享物流资源，集中处理订单和配送，减少重复投资和运行成本。

三、供应链主要特点

（一）信息化与智能化程度高

电商平台运用大数据技术、物联网技术，通过传感器实时监测土壤墒情、气候条件、农作物生长态势等信息，为生产者提供科学决策依据，确保农产品的绿色、优质生产。同时，电商平台可对海量的消费者数据进行收集、分析和挖掘，精准洞察市场需求和消费者偏好，从而指导农产品的生产规划、品种选择和销售策略制定，实现精准营销。电商平台通过智能仓储系统的自动化设备和智能算法，提高仓储作业效率；运用智能化手段合理规划运输路径、调度车辆，实现农产品的快速、准确配送，降低物流成本和损耗。此外电商平台的信息共享功能，能够使供应链各环节主体实时获取生产、库存、销售、物流等信息，打破信息壁垒，协同运作，快速响应市场变化，提升供应链的整体效益和竞争力（Yan等，2016）。

（二）协同一体化特征显著

电商平台作为信息枢纽，无缝对接农产品生产者、供应商、物流企业以及消费者，推动各环节紧密协同，形成高度一体化的运作体系。平台通过大数据和物联网技术，实时监控供应链各节点的运行状态，促进各主体间的信息共享与即时沟通，有效协调生产、加工、仓储、配送等环节的节奏，提升供应链整体运作效率（米力阳和尚春燕，2021）。

（三）以消费者需求为导向，强调个性化服务

电商平台利用先进的数据采集与分析技术，深度挖掘消费者的购买历史、浏览偏好、评价反馈等信息，全方位分析消费者对于绿色农产品的种类、品质、产地、包装及配送方式等方面的个性化喜好和需求倾向。基于数据处理分析，电商平台能够指导农产品供应商进行有针对性的生产规划与产品定制。在销售环节，电商平台根据消费者画像设置个性化的产品推荐页面，展示符合其口味和需求的农产品，同时提供多样化的包装选择和灵活的配送时间预约。在售后服务方面，电商平台可快速响应消费者的咨询与投诉，依据消费者反馈及时改进产品与服务，优化消费体验。

四、供应链合作机制

（一）契约保障机制

电商平台通过与农产品供应商签订质量条款，明确绿色、有机等标准，规定农药残留、品质等级范围，保障双方权益。信息安全契约通过法律约束、平台信誉评价体系以及保证金制度等，严格限定数据使用范围，防止消费者与供应商隐私泄露。

（二）协调机制

电商平台利用大数据、物联网等技术整合上下游信息，实现农产品生产、仓储、物流和销售环节的实时数据共享，加强各主体间的信息沟通与交流，优化决策过程。在利益协调方面，电商平台根据各环节的贡献与成本投入合理分配利润，例如给予优质供应商价格补贴、按配送量计算物流商费用等，以平衡

各方收益。在运作协调方面，电商平台通过制定统一标准，确保供应链各环节紧密衔接和高效运转，既提高了农产品流通效率，又保障了绿色农产品的稳定供应。

（三）监督约束机制

电商平台作为供应链核心，制定严格的农产品准入标准，包括绿色生产资质、质量检测报告等要求，从源头把控产品品质；同时运用物联网、区块链等技术，对农产品生产过程、仓储条件和物流轨迹进行全程实时监控，确保消费者和监管部门可随时追溯查询，保证各环节信息透明与操作合规。此外，电商平台通过用户评价与反馈系统，使消费者能够对农产品质量和物流服务等进行评价，形成有效的外部监督机制。

（四）激励机制

电商平台为农产品供应商和农户提供广阔的市场渠道，通过销量分成、奖励金、优质供应商优先推广及更高利润回报等方式，激励其生产更多符合市场需求的绿色农产品。对物流合作伙伴，电商平台基于配送时效、货物完好率等指标进行考核，促使物流企业优化配送流程、提升服务质量和效率。消费者的良好评价作为关键激励机制，可为相关主体带来声誉提升和流量增长，较差评价则可推动相关主体改进，电商平台借此引导各方持续优化产品和服务，保障智慧绿色农产品供应链高效运转。

（五）信息资源共享机制

电商平台通过信息管理系统整合供应链各环节企业，准确预测消费者需求，缩小供需差异，实现多方信息共享与风险共担（高鹏和孙智君，2021）。该系统提升了供应链灵活性，支持定制化生产满足个性化需求。同时，通过整合物流系统，基于大数据匹配供需，实现智慧化配送，减少流通盲目性，有助于降低库存成本，并通过就近配送、联合配送等方式优化物流成本。

（六）利益与风险分配机制

在电商平台主导下，供应链各主体按贡献度分配利益，形成以平台为核心的供应链利益共同体，共同承担发展风险。

第九节　以区块链技术为核心的智慧绿色农产品供应链模式

一、供应链模式概况

区块链技术是一种新兴的信息与网络技术，通过去中心化、去信任的方式集体维护可靠数据的技术方案，具有开放性、匿名性、可追溯性、防篡改及碎片化等特征（邱劲，2021）。作为分布式数据存储、点对点传输、共识机制和加密算法等互联网信息技术的新型应用模式，区块链能够记录各个区块节点的全部交易信息（金会芳等，2020）。各区块之间通过哈希算法实现链接，后一区块包含前一区块的哈希值，区块间的相互连接确保了信息的安全性、可靠性和不可篡改性（Buth 等，2019；Yang，2017）。该技术最早应用于金融等领域，能有效解决行业痛点问题，近年来在农业领域崭露头角，尤其针对因参与主体众多且分散、数据庞大杂乱导致的农产品供需信息不对称和产业链整合困难等问题，区块链提供了有效的解决方案（邱劲，2021）。

以区块链技术为核心的智慧绿色农产品供应链模式（下文简称"以区块链为核心的供应链模式"）是指以区块链技术应用为核心的农产品供应和流通模式。传统农产品供应链存在风险约束难、信任不足、信息不对称、责任追溯难等问题，基于区块链的供应链模式能有效解决这些问题（秦明旭等，2021）。目前，利用区块链技术构建农产品溯源体系是该模式的主要内容：从农产品生产源头（包括种子、化肥等农资的采购使用信息），到种植生长过程（如灌溉、施肥、病虫害防治等田间管理数据），再到收获加工环节的各项参数，以及后续仓储物流信息，直至终端交易记录，都以加密形式被准确、完整且不可篡改地记录在区块链上。通过赋予专属条码，供应链各参与方及消费者可扫码实现全程追踪溯源。这种溯源问责机制能监督农产品流通各环节，促使各经营主体规范行为，确保供应链持续供应绿色农产品。

二、供应链主要特点

（一）去中心化

基于区块链技术的农产品供应链可实现点对点的合作交易，各节点地位平等，以扁平式拓扑结构互联互通，不存在中心化节点和层级结构（谭砚文等，2023）。区块链共识机制确保上链信息不可篡改，有效避免人为干预。供应链各参与方基于可靠信息进行交易选择，降低契约约束风险，解决传统供应链的信任问题。在农产品供应链节点众多、参与者水平参差不齐的情况下，下游参与者和消费者尤其能从中受益（秦明旭等，2021）。

（二）信息更加公开透明

以区块链为核心的供应链模式覆盖了农产品供应的全流程，通过记录农资采购使用、生长过程、加工、仓储物流及销售等全链条信息，可确保农产品的安全和绿色品质。区块链技术的开放特性是其基础，除采用非对称加密保护的交易隐私信息外，其他数据均公开透明，用户可通过区块链接口查询，实现了供应链各节点信息的公开共享（靳建峰和王琳，2022）。

（三）农产品溯源更精准

基于区块链信息技术，智慧绿色农产品供应链搭建了完整的农产品溯源体系，将智慧绿色农产品供应链各环节流通信息都记录、上传到了区块链系统，方便了对农产品的追踪溯源。并且区块链技术的不可篡改性保证区块链上供应链相关数据的真实、可靠，为智慧绿色农产品信息的追溯提供了完整的信息支持（秦明旭等，2021）。该供应链模式实现了供应链上发生责任事故时可以迅速、准确地进行责任追溯，通过区块链信息查询精准定位到主要责任方，有助于及时止损，维护消费者的合法权益（吴艳华，2022）。

基于区块链技术，智慧绿色农产品供应链构建了完整的溯源体系，将各环节流通信息记录并上传至区块链系统，便于对农产品的追踪溯源。区块链技术的不可篡改性确保了供应链数据的真实可靠，为农产品信息追溯提供了完整支持（秦明旭等，2021）。该供应链模式能在责任事故发生时快速准确定位责任方，有助于及时止损，维护消费者的合法权益（吴艳华，2022）。

（四）供应链运作效率更高

借助于区块链技术信息设备，以区块链为核心的供应链能够实现对供应链各环节信息的自动收集与上传，可极大地提高供应链信息收集、流通的效率。区块链的去中心化实现了供应链的去信任化，供应链上各主体间的交易、合作行为的展开无须第三方权威机构的信用证明与担保（谭砚文等，2023），这种直接合作或交易也可有效提高供应链的运作效率。将区块链技术运用于农产品供应链体系，可实现智慧绿色农产品信息的公开化，方便供应商获取需求信息，货源渠道也更广阔，提高供应链的运作效率（吴艳华，2022）。

三、供应链合作机制

（一）契约保障机制

在以区块链为核心的供应链模式中，智能合约系统通过将供应链上各方的合同条款转变成代码，使得供应链上的合作或交易行为能够依照合同条款规定、在数据与数据对话情境下自动执行（谭砚文等，2023；付豪等，2019）。

（二）协调机制

利用区块链技术对智慧绿色农产品供应链各环节经营主体及供应链合作行为进行有效的协调，可提升供应链价值。区块链作为去中心化的分布式加密账本系统（Catalini & Gans, 2020），其去中心化结构、共识机制、智能合约等设计，使得区块链具有协调多主体关系和促进合作的作用（杨欣等，2023）。区块链技术为各参与方提供了完整的信息，使各参与方能基于信息分析进行合作对象选择，既可保证各参与方利益不受侵犯，还能增加各参与方之间的信任度，保证供应链的良好发展（秦明旭等，2021）。

（三）监督约束机制

区块链技术具有信息公开透明的特性，这使得供应链上的其他经营主体及消费者能够通过区块链系统平台，实时监控智慧绿色农产品生产流通的全过程，从而实现对供应链各环节经营主体的有效监督。同时，区块链技术的应用促使农产品供应链建立了完善的溯源体系，当出现农产品品质安全问题或损耗问题时，可通过区块链系统实现精准追踪溯源，快速定位主要责任方并实施问责。此外，区块链技术信息不可篡改的特性也可有效约束供应链各协作主体的行为。经过区块链技术赋能的农产品供应链，其信息防篡改能力和公信力均得到显著提升，溯源精准度和监管治理功能也更加完善（胡森森等，2023）。

（四）激励机制

区块链技术的应用为供应链各环节经营主体构建了声誉激励机制，将传统非正式的声誉管理转变为基于区块链的可量化、可交易的信用体系（付豪等，2019）。该系统通过评估各经营主体的行为表现，给予包括代币奖励和信用奖励在内的声誉激励：代币奖励可用于供应链内的服务或产品购买，信用奖励则可作为向银行等金融机构申请信贷的资质凭证。

（五）信息资源共享机制

信息高度公开透明是以区块链为核心的供应链模式最显著的特征之一，这一特性显著提升了信息资源的共享水平。区块链点对点技术实现了信息的实时共享，其 P2P 网络技术通过对农产品供应链多节点数据的复制，确保数据的快速传输与高效共享（靳建峰和王琳，2022）。农产品各环节原先存在的信息孤岛和系统不兼容等问题得到有效解决，真正实现全链条的共建共享和互联互通（邱劲，2021）。

（六）利益与风险分配机制

区块链技术不仅完整记录了智慧绿色农产品供应链各环节的信息，同时准确量化了各经营主体对供应链的贡献值，可为基于贡献度的利益分配提供可靠依据。在风险分配方面，该模式下农产品供应链各经营主体自发形成风险共担联盟，当面临供应链风险时，合作各方共同承担风险责任。同时，借助区块链的溯源功能可以精准定位主要责任主体，由其承担相应的主要风险损失。

第五章 国外智慧绿色农产品供应链合作机制案例研究

第一节 以跨国企业为核心的智慧绿色农产品供应链合作机制

一、跨国农业巨头——全链智能模式

（一）模式概况

嘉吉（Cargill）是全球领先的食品和农业公司，成立于1865年，业务涵盖食品、农业、金融和工业产品及服务等多个领域。全链智能智慧绿色供应链合作机制是嘉吉公司在智慧绿色农产品供应链领域的一次深度创新。作为全球领先的跨国农业巨头，嘉吉通过整合全球资源，运用物联网、大数据、人工智能等现代信息技术，实现了从农田到餐桌的全链条智能化管理。该模式不仅提高了农产品的生产效率和质量，还确保了农产品的绿色化和安全性，降低了生产成本和物流成本，提升了公司整体竞争力和可持续发展能力。

全链智能模式的核心在于通过数字化手段对农产品供应链进行全面优化和升级。嘉吉构建数字化平台，对供应链各环节的数据进行采集、分析和共享，实现对供应链的精准控制和高效管理。这一模式打破了传统供应链中的信息孤岛，提高了供应链的透明度和响应速度，同时注重与合作伙伴的紧密合作，通过信息共享、利益共享和风险共担，构建了稳定的供应链合作关系，共同推动智慧绿色农产品供应链的发展（牛登霄等，2017）。

嘉吉的全链智能模式在多个方面体现了其创新性和领先性。首先，该模式充分利用了现代信息技术，如物联网、大数据和人工智能等，实现了供应链的智能化管理。这些技术的应用使得嘉吉能够实时掌握供应链各环节的信息，提

高决策的准确性和及时性。其次,该模式注重供应链的绿色化和可持续性。嘉吉在采购、生产、加工等环节采取了一系列环保措施,如使用绿色包装材料、节能设备等,减少了对环境的影响。再次,嘉吉还与合作伙伴共同推动绿色农业发展项目的实施,如土壤改良、水资源管理等,将绿色农业和智慧技术融合。最后,该模式强调与合作伙伴的合作机制和共同发展。嘉吉通过信息共享、利益共享和风险共担机制,与合作伙伴建立了长期稳定的合作关系,共同推动智慧绿色农产品供应链的发展。

(二)供应链运作流程剖析

嘉吉全链智能模式的供应链运作流程涵盖了原料采购、生产加工、分销物流、终端销售等各个环节,实现了全链条的智能化管理。

1. 原料采购

嘉吉利用大数据和人工智能技术,对全球农产品市场进行实时监测和分析,精准预测市场需求和价格波动,通过与全球各地的优质农产品供应商建立长期合作关系,确保高质量原料的稳定供应。在采购过程中,嘉吉对供应商的环保标准、生产条件等进行严格审核和评估,确保原料的可持续性和绿色化,并通过数字化平台,实现了采购信息的实时共享和协同作业,提高采购效率和准确性。

2. 生产加工

在生产加工环节,嘉吉引入物联网技术,对生产设备和流程进行实时监控和智能调度,通过数字化平台实时了解生产进度、设备状态、产品质量等信息,实现对生产过程的精准控制和优化。此外,嘉吉采用绿色包装材料和节能设备,减少生产过程中的环境污染和能源消耗;通过智能调度和优化生产流程,提高生产效率和产品质量,降低生产成本和能耗。

3. 分销物流

嘉吉利用区块链技术,建立农产品的全程追溯体系,确保农产品的来源可追溯、质量可控制;通过智能物流系统,优化配送路径和库存管理,降低物流成本和时间成本,同时与物流公司建立紧密合作关系,通过数字化平台实现物流信息的实时共享和协同作业。这种合作模式提高了物流效率和服务质量,以确保农产品的及时送达。

4. 终端销售

在终端销售环节，嘉吉利用大数据分析消费者购买行为和偏好，提供个性化的产品和服务，增强客户满意度和忠诚度；注重与消费者的互动，通过数字化平台收集消费者意见和建议，不断优化产品和服务质量。

（三）供应链合作机制剖析

嘉吉通过构建数字化平台，实现了与合作伙伴的信息共享、利益共享和风险共担，构建了稳定的供应链合作关系。

1. 信息共享

建立数字化平台，实现供应链各环节的信息透明化和协同化。共享市场需求、库存状况、生产进度等信息，使合作伙伴及时了解供应链状况，提高供应链的响应速度和协同效率；利用大数据和人工智能技术，对供应链数据进行深度挖掘和分析，为合作伙伴提供有价值的市场洞察和决策支持。这种信息共享机制增强了供应链的透明度和协同性，提高了整体运作效率。

2. 利益共享

与合作伙伴共同制定利益分配机制，确保各方利益得到合理保障。通过合同农业、订单农业等方式，与农户建立长期稳定的合作关系，实现共赢发展。同时，通过与物流公司、零售商等合作伙伴建立利益共享机制，不断优化供应链流程和降低成本，实现共同盈利，增强合作伙伴的积极性和忠诚度，促进供应链的长期稳定发展。

3. 风险共担

与合作伙伴共同承担市场风险、自然风险等不确定性因素带来的损失。建立风险预警机制和应急预案，及时发现和应对潜在风险，降低风险对供应链的影响。同时与保险公司合作，使供应链的风险分担主体多元化，一步降低风险损失，增强供应链的韧性和稳定性。

（四）合作机制效益分析

嘉吉的全链智能模式在农业供应链领域展现出了显著的效益，这些效益主要体现在以下四个方面。

1. 提升供应链整体效率

嘉吉的全链智能模式通过数字化和智能化手段，显著提升了供应链的整体效率，是智慧物流向智能化、绿色化转型的典型案例（韩佳伟等，2021）。吉利用大数据和人工智能技术，对市场需求、库存状况和生产进度进行实时监控与分析，以迅速响应市场变化，调整生产计划和库存策略。智能物流系统、仓储系统的应用优化了配送路线和库存管理，降低了物流成本和时间成本，减少了库存损耗和浪费。通过引入机器人、自动化设备等先进技术，嘉吉实现了生产过程的智能化，提高了生产效率和产品质量。

2. 增强市场竞争力

嘉吉的全链智能模式显著增强了公司的市场竞争力。嘉吉关注农产品的绿色化生产和安全性保障，采用环保的生产方式和生产材料，减少化学农药和化肥的使用，保护土壤和水资源。这种绿色生产方式不仅提高了农产品的品质和安全性，还符合消费者对健康、环保产品的需求。嘉吉利用数字化平台收集和分析消费者数据，精准定位目标市场，制定个性化的营销策略，提高市场占有率和客户满意度。

3. 促进可持续发展

嘉吉的全链智能模式在促进可持续发展方面也发挥了重要作用。嘉吉通过采用先进的农业技术和设备，推动农业生产的绿色化转型，降低生产过程对环境的负面影响；通过资源高效利用和农业科技创新，降低了生产成本，提高了资源利用效率；积极参与农业可持续发展项目的实施，如土壤改良、水资源管理等。

4. 实现共赢发展

嘉吉通过构建利益共享机制，确保供应链各参与主体的合理收益。嘉吉与农户、供应商、销售商等合作伙伴建立了长期稳定的合作关系，通过共享利润、分担风险等方式，实现了利益共享和共赢发展。面对市场风险和自然灾害等不确定性因素，嘉吉与合作伙伴共同承担损失，确保供应链的稳健运行。嘉吉还通过技术支持、培训指导等方式，帮助合作伙伴持续发展。

二、全球化食品供应商——绿色追溯模式

（一）模式概况

雀巢（Nestlé）是一家全球知名的食品供应商，其智慧绿色农产品供应链模式以"绿色追溯"为核心，通过运用现代信息技术和绿色管理理念，实现了农产品的绿色化、智能化和高效化流通。这一模式不仅涵盖了原料采购、生产加工、分销物流、终端销售等供应链各环节，还确保了农产品的品质和安全性，提升了消费者的信任度和忠诚度。

绿色追溯模式的核心在于通过区块链、物联网等现代信息技术，建立农产品的全程追溯体系。区块链系统可记录农产品的来源、生产加工过程、质量检测信息以及物流运输情况，从而实现农产品的全程可追溯性（Almira等，2023）。消费者只需扫描产品上的追溯码，即可轻松查询农产品的全链条信息。雀巢还注重绿色管理理念在供应链各环节的应用，通过采用环保材料、节能设备等措施，减少环境污染和资源浪费，推动农业可持续发展。

雀巢的绿色追溯模式不仅提高了农产品的品质和安全性，还增强了品牌的市场竞争力。通过提供透明、可追溯的产品信息，雀巢向消费者展示了其对产品质量和环保性的承诺和努力，增强了消费者的信任和忠诚度。该模式还有助于雀巢优化供应链管理，降低运营成本，提高整体盈利能力。

（二）供应链运作流程剖析

1. 原料采购

雀巢通过与全球各地的优质农产品供应商建立长期合作关系，确保原料的品质和供应稳定。雀巢在采购时注重对原料进行筛选和评估，确保其符合绿色、环保的标准；利用大数据和人工智能技术，对全球农产品市场进行实时监测和分析，预测市场需求和价格波动，以制订合理的采购计划。

2. 生产加工

在生产加工环节，雀巢采用先进的生产技术和设备，实现农产品的标准化和智能化生产。通过引入物联网技术，雀巢实时监测生产设备的运行状态和生产参数，及时调整生产流程，确保产品的品质和安全性；建立绿色追溯系统，记录农产品的生产加工过程和质量检测信息，为产品的质量控制和追溯提供有

力支持。

3. 分销物流

雀巢利用高效的物流网络和智能管理系统，实现农产品的快速、准确和安全送达；运用区块链技术和物联网技术，记录农产品的运输路线、运输时间、运输条件等关键信息，确保产品的新鲜度和安全性；与物流公司建立密切的合作关系，通过数字化平台实现物流信息的实时共享，提高物流效率和服务质量。

4. 终端销售

雀巢通过线上和线下渠道将产品销售给消费者。雀巢利用电商平台和社交媒体等线上平台，拓展销售渠道，提高销售效率；通过数字化平台收集消费者意见，不断优化产品和服务质量。

（三）供应链合作机制剖析

雀巢的供应链合作机制涵盖了信息共享、技术支持和维护食品安全等方面，旨在构建稳定、高效的供应链体系。

1. 信息共享

雀巢与供应商、分销商等合作伙伴建立信息共享平台，实现供应链各环节的透明化和协同化。通过共享市场需求、库存状况、生产进度等信息，雀巢与合作伙伴能够实时了解供应链状况，提高供应链的响应速度和协同效率；利用大数据和人工智能技术，对供应链数据进行深度挖掘和分析，为合作伙伴提供有价值的市场洞察和决策支持，提高合作伙伴的效率和竞争力。

2. 技术支持

雀巢为合作伙伴提供先进的技术支持和服务，包括现代信息技术、物联网技术、区块链技术等。例如，雀巢与供应商合作推广智能农业技术，通过物联网技术实时监测农田环境和作物生长状况，优化种植方案，提高作物产量和品质。同时，雀巢还与物流公司合作推广智能物流技术，通过区块链技术实现物流信息的实时共享和协同作业，提高物流效率和服务质量。

3. 维护食品安全

雀巢与合作伙伴共同承担食品安全责任，通过合作与协调来保障农产品的品质和安全性；建立食品安全预警和应急响应机制，及时应对和处理各种食品安全事件。同时，雀巢与合作伙伴共同开展食品安全培训和宣传活动，提高员工和消费者的食品安全意识。这种共同维护食品安全的机制不仅有助于保障消费者的健康和安全，还有助于提升品牌形象和市场竞争力。

（四）合作机制效益分析

雀巢的绿色追溯模式通过优化供应链各环节的管理和运作，提高了农产品的品质和安全性，降低了生产成本和物流成本，提高了供应链的整体竞争力和可持续发展能力。

1. 提高消费者信任度

雀巢通过提供绿色追溯系统查询服务，让消费者了解农产品的来源、生产加工过程和质量检测信息，增强了消费者的信任度和忠诚度。随着大众食品安全和环保意识的不断提高，雀巢的绿色追溯模式越来越受到消费者的青睐和认可。

2. 降低食品安全风险

雀巢通过现代信息技术和绿色管理理念，建立了完善的食品安全追溯体系，能够实时监测农产品的生产、加工、运输和销售等环节的信息，及时发现和处理潜在的风险和问题。

3. 促进可持续发展

雀巢的绿色追溯模式注重环保和可持续发展。通过采用环保材料、节能设备等措施，雀巢减少了环境污染和资源浪费。同时，雀巢还与合作伙伴共同推动农业可持续发展项目的实施，这些措施不仅有助于保护生态环境和生物多样性，还有助于提高农产品的品质和安全性。通过经济效益和环境效益的双赢，雀巢的绿色追溯模式为农业可持续发展作出了积极贡献。

4. 优化供应链管理

雀巢的绿色追溯模式通过优化供应链管理降低运营成本，提高了供应链盈利能力；通过信息共享和协同作业机制，实现了供应链各环节的无缝衔接和高效运作；利用先进的信息技术和智能管理系统，提高了物流效率和服务质量。

5. 推动行业规范化发展

雀巢通过建立完善的食品安全追溯体系和实施农业可持续发展项目，促进了食品行业的规范化发展和转型升级。雀巢积极参与行业标准和规范的制定工作，推动食品行业向更加安全、环保和可持续的方向发展。

第二节　以技术驱动为核心的智慧绿色农产品供应链合作机制

一、精准农业技术引领——"智能农场"模式

（一）模式概况

"智能农场"模式是精准农业技术的集大成者，引领着全球农业向智能化、绿色化转型。该模式通过深度整合物联网、大数据、人工智能、5G技术、机器人等新一代信息技术，以数据、知识和智能装备为核心要素，实现农业生产全流程智能化（尹彦鑫等，2023）。在"智能农场"中，通过远程控制农场设施、装备和机械，或借助智能装备与机器人的自主决策与作业，农场能够全天候、全过程、全空间地完成生产管理任务，实现农业生产的高效化、精准化和绿色化。该模式的核心在于精准农业技术的应用。通过物联网传感器实时监测土壤湿度、养分含量、气象条件及作物生长状况等关键指标，"智能农场"能够实时调整生产策略，优化资源配置，降低化肥使用量和环境污染（Fathallah等，2020）；利用大数据分析、预测市场需求，结合土壤、气候等环境因素，制订科学合理的种植计划，实现资源的高效利用与产量的最大化。

瑞士的Ecorobotix公司是"智能农场"模式的代表。该公司专注于精准农业领域，开发出了太阳能除草机器人以及集ARA超高精度喷雾系统与先进人工智能算法于一体的精准农业机器人，极大地优化了资源利用，减少了环境污染，促进了农业绿色可持续发展。

（二）供应链运作流程剖析

"智能农场"模式的供应链运作流程紧密围绕精准农业技术展开，涵盖种

植计划制定、生产管理、采摘收获、加工销售等不同环节。

1. 种植计划制订

基于大数据分析,"智能农场"模式能够精准预测市场需求,结合土壤、气候等环境因素,制订科学合理的种植计划。通过优化作物布局、品种选择及种植密度,"智能农场"模式实现了资源的高效利用与产量的最大化。同时,利用智能决策支持系统,农场主能实时监测市场动态,灵活调整种植计划,应对市场变化。

2. 生产管理

在生产过程中,"智能农场"模式利用物联网技术实时监测土壤湿度、养分含量、气象条件及作物生长状况等关键指标,通过人工智能算法对这些数据进行分析处理,进而精准调控灌溉、施肥、病虫害防治等生产环节。例如,智能灌溉系统可以根据土壤湿度和作物需水量实施精准灌溉;智能施肥系统可根据土壤养分含量和作物生长需求,精准施肥。这些措施在确保作物健康生长的基础上,减少了化学农药和化肥的使用量。

3. 采摘收获

"智能农场"模式采用智能采摘机器人进行作物的精准采摘。这些机器人根据作物的成熟度、品质等标准进行自动化分拣与包装。通过机器视觉和人工智能技术,机器人能精准识别作物的根系、叶片和果实等部位,避免损伤作物组织和果实。同时机器人还可以根据包装需求对作物进行精准包装和贴标处理。

4. 加工销售

采摘后的农产品将进入智能加工环节。智能加工系统利用先进的加工设备与技术进行清洗、分级、包装等处理,通过机器视觉和人工智能技术对产品进行精准分级和包装处理,利用区块链技术记录产品的加工过程和质量检测信息以实现全程可追溯性。随后,这些农产品将通过电商平台、线下零售等多种渠道进行销售。"智能农场"模式通过大数据分析消费者购买行为,制定个性化的营销与推广策略,以增强产品的市场竞争力并提升品牌美誉度。

（三）供应链合作机制剖析

"智能农场"模式的供应链合作机制强调信息共享、协同作业与风险共担，以构建稳定、高效的供应链体系。

1. 信息共享

"智能农场"模式通过建立信息共享平台实现与供应商、加工商、销售商等合作伙伴之间的信息实时共享，包括市场需求、库存状况、生产进度等关键信息，以帮助各方协同作业，提高供应链的整体效率。通过信息共享平台，各方可以实时了解市场动态和供应链状况以及时调整生产计划和销售策略。

2. 协同作业

在"智能农场"模式的供应链体系中，各方合作伙伴通过协同作业实现资源的优化配置与高效利用。供应商可根据"智能农场"的生产计划提前准备原料；加工商可根据农产品的品质与数量，制定合理的加工方案；销售商则可根据市场需求调整销售策略。这种合作机制不仅可降低运营成本，还可提高供应链的整体效益。

3. 风险共担

面对自然灾害、市场波动等不确定性因素带来的风险，"智能农场"模式与合作伙伴共同承担损失。通过建立风险预警机制与应急预案，各方能够及时应对潜在风险，降低风险对供应链的影响。例如，当遭遇自然灾害时，"智能农场"模式可与保险公司合作，对受损农产品进行理赔处理以降低经济损失；当市场需求发生变化时，"智能农场"模式可与销售商协商，调整销售策略，以减少库存积压风险。

（四）合作机制效益分析

"智能农场"模式的供应链合作机制带来的多维度、深层次效益，不仅体现在生产效率与产品质量的提升上，更体现在优化资源配置、降低运营成本、增强品牌影响力等方面。

在农业生产效率与产品质量提升方面，"智能农场"模式通过应用精准农业技术，实现作物种植的精细化管理。物联网传感器可实时监测土壤湿度、养分含量、气候条件等关键指标，为作物提供个性化的种植方案。大数据分析可帮助农场主精准预测市场需求，优化生产计划，减少资源浪费。同时，智能灌溉、施肥和病虫害防治系统确保了作物在最佳生长条件下生长，显著提高了农产品的产量和品质。这种精细化管理更好地满足了消费者对高品质农产品的需求，提升了"智能农场"模式农产品的市场竞争力。

在供应链协同与成本优化方面，"智能农场"模式通过信息共享与协同作业机制，促进了供应链各环节的紧密配合。农场主、供应商、加工商、销售商等合作伙伴通过实时信息共享平台，共享市场需求、库存状况、生产进度等信息，实现了供应链的透明化和协同化。这种协同作业模式不仅优化了资源配置，降低了运营成本，还提高了供应链的响应速度和灵活性。智能物流系统的应用则进一步降低了物流成本和时间成本，确保农产品可以快速、准确送达餐桌。

在品牌影响力与市场份额提升方面，"智能农场"模式通过个性化的营销与推广策略，提升了品牌的市场影响力。农场主利用大数据分析消费者购买行为和偏好，制定精准的营销策略，提供个性化的产品和服务；通过社交媒体、电商平台等线上渠道拓展销售渠道，增加品牌曝光度。

在促进农业科技创新与产业升级方面，"智能农场"模式为农业科技创新提供了广阔舞台。通过与科研机构、高校等合作，"智能农场"不断引入新技术、新设备和新理念，实现从实验到田间的推广应用转化，推动农业生产的智能化、精准化和高效化。"智能农场"还促进了农业与其他产业的融合发展，如农业与旅游、教育、科研等领域的结合，为农业产业带来了新的增长点和发展机遇。

"智能农场"模式在推动农业可持续发展方面也发挥了重要作用。通过减少化学农药与化肥的使用、优化水资源管理等方式，"智能农场"模式降低了对环境的负面影响。智能灌溉系统根据作物需水量精准灌溉，减少了水资源浪费；智能施肥系统则根据土壤养分含量精准施肥，降低了化肥使用量。同时，"智能农场"模式还注重农业废弃物的循环利用与无害化处理，通过生物质能源、有机肥料等方式实现废弃物的资源化利用。这种绿色生产模式不仅符合人类对环境保护的广泛诉求，也为"智能农场"模式的可持续发展奠定了坚实基础。

二、区块链技术保障食品安全——"透明链"模式

（一）模式概况

区块链技术以去中心化、不可篡改、可追溯等特点，为食品安全追溯提供

了强有力的技术支撑。在"透明链"模式下，食品生产、加工、运输、销售等各环节的信息都被记录在区块链上，形成了一条从生产源头到消费终端的完整信息链条。消费者和监管部门只需扫描食品包装上的二维码或输入相关信息，即可查询食品的全链条信息。"透明链"模式的出现，不仅解决了传统食品安全追溯体系中存在的信息孤岛、数据篡改等问题，还提高了供应链的透明度和协同效率（Zhai 等，2022）。通过实时共享和验证食品信息，供应链各环节的企业能够更加紧密地协作，共同应对食品安全风险，提升整个供应链的竞争力和可持续发展能力。

IBM Food Trust 平台是采用"透明链"模式的典型案例。该平台利用区块链技术和智能合约等技术手段，实现了农产品的全程可追溯性和食品安全保障。通过整合供应链各环节的信息资源，IBM Food Trust 平台为食品行业提供了一个高效、透明、可信的追溯体系，致力于提升消费者对食品安全的信心，推动食品行业可持续发展。

（二）供应链运作流程剖析

"透明链"模式的供应链运作流程主要包括以下几个环节。

1. 信息录入

在食品生产、加工、运输、销售等各环节，相关企业需要将农产品信息录入区块链系统。这些信息包括农产品的生产日期、产地、批次号、质量检测报告等关键数据。通过区块链技术，这些信息将被永久保存且不可篡改，为后续的追溯和管理提供了可靠的数据基础。

2. 信息验证

区块链系统中的各个节点会对录入的信息进行验证和确认，确保信息的真实性和准确性。由于区块链的去中心化特性，每个节点都保存着完整的账本副本，因此任何对信息的篡改都会被其他节点发现并拒绝，从而有效防止数据造假和信息篡改，保证信息的可信度。

3. 信息查询

消费者和监管部门可以通过扫描农产品包装上的二维码或输入相关信息，在区块链系统中查询农产品的全链条信息。这些信息涵盖农产品从生产源头到消费终端的每一个环节，包括原料采购、生产加工、质量检测、物流运输等。

通过查询这些信息，消费者和监管部门可以全面了解农产品的来源和质量状况。

4. 风险预警

通过区块链系统对农产品全链条信息的实时监测和分析，可以及时发现潜在的风险和问题。例如，如果发现某一批次的农产品存在质量问题或安全隐患，系统可以立即触发风险预警机制，通知相关企业和监管部门采取应对措施。这种机制有助于及时控制和消除农产品安全风险，防止问题农产品流入市场，保障消费者的健康和安全。

（三）供应链合作机制剖析

"透明链"模式的供应链合作机制体现出以下几个方面的特点。

1. 信息共享与透明化

通过区块链技术，农产品供应链各环节的企业可以实现信息的实时共享和透明化。各环节可以实时了解农产品的生产、加工、运输、销售等情况，从而作出更加合理的决策和规划。这种信息共享机制有助于打破信息孤岛，提高供应链的协同效率，降低运营成本。同时，信息的透明化也有助于增强消费者对农产品的信任度，提升品牌形象。例如，消费者可以通过查询区块链上的信息了解农产品的来源和质量状况，从而更加放心地选择农产品；企业则可以通过共享信息优化供应链管理流程，提高运营效率和市场竞争力。

2. 责任追溯与问责

区块链技术的不可篡改性使得农产品供应链各环节的企业都必须对其提供的信息负责。一旦出现农产品安全问题，相关机构可通过区块链系统迅速追溯责任方并进行问责。这种机制有助于促使企业加强自律，提高农产品质量安全管理水平。例如，在发生农产品安全事件时，监管部门可以通过区块链系统追溯问题农产品的来源和生产过程，确定责任方并采取相应的处罚措施；企业则可以通过追溯系统分析问题的原因并采取措施加以改进，防止类似问题再次发生。

3. 信任建立与传递

通过区块链系统实现农产品全链条信息透明化和可追溯化，消费者可以更加信任农产品的品质和安全性。同时，这种信任还可以在供应链各环节之间传递和扩散，形成更加紧密的合作关系和信任关系。例如在"透明链"模式下，农产品生产商可以通过展示其在区块链上的追溯信息来增强消费者对产品的信任度；零售商则可以通过与生产商合作，共享追溯信息，提升品牌的信誉度和市场竞争力。

（四）合作机制效益分析

"透明链"模式通过在提升农产品安全保障能力、增强消费者信任度、促进供应链协同发展以及推动农业可持续发展等方面发挥的显著效益，充分展现了其在智慧绿色农产品供应链建设中的重要价值和广阔应用前景。

从提升食品安全保障的角度来看，"透明链"模式通过区块链技术的不可篡改性和去中心化特性，实现了农产品从生产源头到消费终端的全链条信息透明化。这意味着每一批农产品的生产日期、产地、加工过程、运输路径等关键信息都被实时记录并存储在区块链上，消费者和监管机构只需扫描农产品包装上的二维码或输入相关信息，即可轻松追溯农产品的全链条信息。这种高度的信息透明化不仅降低了农产品造假的可能性，还为农产品安全问题的快速追溯和责任界定提供了有力支持。

从增强消费者信任度的角度来看，"透明链"模式通过提供全程可追溯的农产品信息，增强了消费者对农产品的信任感。在农产品安全问题频发的背景下，消费者对农产品的来源、加工过程和质量安全日益关注。"透明链"模式通过区块链技术，为消费者提供了一个直观、便捷地了解农产品全链条信息的方式，从而有效缓解了消费者的担忧，增强了其对农产品的购买意愿。

从促进供应链协同发展的角度来看，"透明链"模式提升了供应链合作机制的协同度。在传统的供应链模式中，各环节之间往往存在信息不对称和利益冲突等问题，导致供应链整体效率低下。而"透明链"模式通过信息共享和协同作业机制，实现了供应链各环节的紧密配合和高效运作。各参与方可以实时共享市场需求、库存状况、生产进度等信息，从而协同制订生产计划、优化物流配送路线和降低运营成本。这种协同发展不仅提高了供应链的响应速度和灵活性，还增强了供应链的稳定性和竞争力。

从推动农业可持续发展的角度来看，"透明链"模式通过促进绿色农业技术的应用，推动了农业生产的绿色化转型。在"透明链"模式下，农场主和加工商等供应链参与方需要遵循严格的环保标准和质量控制要求，以确保农产品的安全性和可追溯性。这会促使他们采用更多绿色农业技术，从而降低农业生产对环境的负面影响。同时,"透明链"模式还鼓励农场主和加工商等参与方通过循环利用农业废弃物、推广可再生能源等方式,实现资源的节约和环境的保护,进一步推动农业的可持续发展。

第三节 以合作社联盟为核心的智慧绿色农产品供应链合作机制

一、欧洲农业合作社联盟——"短链直销"模式

(一)模式概况

意大利农业联合会(Coldiretti)是意大利最大的农业合作社联盟,拥有160万会员,供应链模式以 Campagna Amica 直销网络为核心,构建了"生产—认证—直销"一体化的本地化食品网络,主要通过减少中间环节,将农产品直接从生产者运输到消费者手中,从而降低成本、提高农民收益,并增强产品的可追溯性和质量控制(Anjos & Caldas,2017)。这种模式强调本地生产和消费,Campagna Amica 直销网络拥有近两万个销售点,包括农民市场、认证农场直销店和城市花园等,覆盖意大利全境,是欧洲最大的零公里网络(Oliveira 等,2021)。此外,联盟还鼓励成员合作社采用绿色生产技术和设备,减少化学农药和化肥的使用,保护土壤和水资源,实现农业生产的绿色智慧化发展。

在"短链直销"模式下,合作社注重与农户或小型农场的紧密合作关系。通过采用绿色采购标准,联盟确保原料的绿色、环保与高品质。同时,联盟还利用物联网技术全程监控农产品的种植、养殖过程,确保农产品的生产符合绿色标准。在制造环节,联盟注重绿色技术和设备的应用,减少能源消耗和废弃物排放,实施绿色设计和清洁生产,提升农产品的附加值和市场竞争力。

(二)供应链运作流程剖析

Coldiretti 的"短链直销"模式在供应链运作流程中展现出了高度的协同性和绿色化。该模式从计划环节开始,便强调资源的合理利用和环境保护,根据市场需求和农产品生长周期制订绿色生产计划。

1. 资源整合与共享

联盟首先对各成员合作社的资源进行整合，包括土地资源、人力资源、技术资源等，实现资源的优化配置和高效利用。同时，联盟建立信息共享平台，实时共享市场需求、生产进度、库存状况等信息，提高供应链的透明度和协同效率。

2. 共同制定标准

为了确保农产品的质量和安全性，联盟与各成员合作社共同制定生产标准和质量控制标准。这些标准通常涵盖从种植、养殖到加工、包装等各个环节，确保农产品的绿色化、标准化生产。同时满足欧盟 PGI 和 Campagna Amica 生态标准，确保可追溯性（Faioli，2002）。

3. 绿色化生产

在生产过程中联盟注重环保和可持续发展，鼓励成员合作社采用环保材料、节能减排的生产方式，减少化学农药和化肥的使用，保护土壤和水资源。同时联盟会定期对成员合作社的生产过程进行监督和检查，确保生产标准被严格执行。

4. 协同销售与配送

在销售环节，联盟与成员合作社协同作业，共同制订销售策略和配送计划，提高销售效率和配送速度，降低运营成本。联盟还利用电商平台等线上渠道拓展销售渠道，增加农产品的曝光度和销售量。

5. 逆向物流体系

对于不合格农产品或废弃物，联盟建立逆向物流体系，对其进行回收和处理。联盟通过循环利用和无害化处理，减少不合格农产品或废弃物对环境的影响。

（三）供应链合作机制剖析

"短链直销"模式的供应链合作机制主要有以下几个特点。

1. 信息共享与协同决策

欧洲农业合作社联盟通过建立信息共享平台，实现各成员合作社之间的实时信息共享。同时联盟定期组织协同决策会议，共同商讨供应链管理的重大问题。信息共享与协同决策可提高供应链的透明度和协同效率，降低各参与方的运营风险。

2. 利益共享与风险共担

在"短链直销"模式下，欧洲农业合作社联盟注重与各成员合作社之间的利益共享和风险共担，通过制定合理的利益分配机制，确保各成员合作社的合理收益。在面对市场风险、自然灾害等不确定性因素时，联盟会与成员合作社共同承担损失，降低单个合作社的风险压力。

3. 标准化生产与质量控制

欧洲农业合作社联盟会与成员合作社共同制定生产标准和质量控制标准，保证农产品的质量，提高市场竞争力。

（四）合作机制效益分析

Coldiretti 的"短链直销"模式，通过整合合作社资源、强化绿色生产、促进信息共享和协同作业，实现了多维度、深层次的效益和利益共享，对合作社竞争力提升、农业可持续发展和环境保护都产生了积极影响。

在提升农业生产效率与产品质量方面，协同绿色模式发挥了关键作用。通过引入精准农业技术，如物联网、大数据和人工智能，合作社能够实时监测土壤湿度、养分含量、气候条件等关键指标，为作物提供个性化的种植方案，从而提高生产效率。同时，联盟中的合作社采用绿色生产方式，如有机耕作、生物防治等，可减少化学农药和化肥的使用，不仅可保护生态环境，还能提升农产品的品质和安全性。这些措施可满足消费者对高品质、绿色农产品的需求，增强合作社的市场竞争力。

信息共享与协同作业机制可促进供应链各环节的紧密配合，优化资源配置，降低运营成本。欧洲农业合作社联盟通过建立信息共享平台，实现了合作社之间以及合作社与供应商、加工商、销售商之间的实时信息共享。这种信息共享不仅提高了供应链的透明度和响应速度，还使得各方能够协同作业，快速响应市场变化，减少库存积压与浪费，降低物流成本与时间成本。通过协同作业，合作社联盟能够整合资源，实现规模效应，进一步提高运营效率和经济效益。

"短链直销"模式还增强了合作社联盟成员的品牌影响力和市场竞争力。通过推广 Campagna Amica 生态标签认证，联盟中的合作社树立了良好的品牌形象，吸引了更多注重环保和健康的消费者。同时，各合作社还通过参与国际农业展会、举办农产品品鉴会等活动，加强与消费者的互动与沟通，提升品牌知名度和美誉度。这些措施不仅扩大了合作社的市场份额，还提高了农产品的附加值和盈利能力。

"短链直销"模式在推动农业可持续发展方面也发挥了重要作用。联盟合作社注重农业废弃物的循环利用和无害化处理，通过生物质能源、有机肥料等方式实现废弃物的资源化利用，进一步促进了农业与环境的和谐共生。

二、北美农场主合作社——"知识集成"模式

（一）模式概况

MFA 是一家区域农场供销合作社，致力于为密苏里州和邻近各州客户提供全农场解决方案与全方位的农业投入品，在谷物和肥料销售、定制应用和精准农业服务方面一直位居前列。农场主合作社通过"知识集成"合作机制，实现了供应链各环节的高效协同与资源共享，推动了农业生产的智能化和绿色化，提升农业竞争力，在知识的交流创新与新技术的应用推广方面具有显著优势（Fontanari，2017）。农场主合作社通过建立信息共享平台，实时了解市场需求、生产进度等信息，提高了供应链的透明度和协同效率；通过充分利用物联网、大数据、云计算等现代信息技术，整合农场主合作社的资源和技术优势，实现农产品生产、加工、销售等环节的智能化管理。"知识集成"合作机制提高了农业生产效率，降低了运营成本，增强了市场竞争力，同时注重环境保护和可持续发展，为北美农业发展注入活力。农场主合作社还积极引进和推广先进的农业技术和设备，注重与科研机构等建立合作关系，共同研发新技术、新产品，推动农业智慧化供应链的科技创新。

在"知识集成"模式下，农场主合作社不仅关注农产品的产量和品质，还注重环境保护和可持续发展。通过推广绿色农业技术和实践，如有机耕作、轮作休耕、生物防治等，合作社减少了化肥、农药的使用量，保护了土壤和水资源，降低了农业生产对环境的负面影响。同时，合作社还注重农产品的可追溯性和安全性，通过建立农产品追溯体系，确保消费者能够了解农产品的来源和

生产过程，提高了消费者对农产品的信任度和满意度。

（二）供应链运作流程剖析

"知识集成"模式的供应链运作流程主要包括以下几个环节。

1. 智能种植与养殖

农场主合作社利用物联网技术，对农田、养殖场等生产环境进行实时监测和数据分析。Nutri-Track项目通过监测土壤湿度、养分含量、气候条件等因素，合作社能够精准调整种植和养殖策略，提高农作物和畜禽的生长效率和品质。同时，合作社还借助智能灌溉、智能施肥、智能防疫等手段，减少水资源和化肥、农药的使用量，降低生产成本，保护生态环境。

2. 采购与加工支持

MFA的农场供应部门拥有多样化产品线（从畜牧设备、围栏用品到乡村生活工具、草坪和花园产品），并对商品进行归类，方便客户选购价格实惠的优质农产品。同时，通过大规模采购将节省的成本转嫁给客户，并使用集中式仓库系统来确保能够随时满足供应。在加工方面，合作社拥有自有加工厂，将成员农产品转化为高附加值产品，采用订单驱动生产，减少库存积压。

3. 智能物流与销售

农场主合作社利用云计算和大数据技术，构建智能物流系统，实现农产品的快速、准确、安全配送。通过实时追踪物流信息，合作社可以及时调整配送路线和计划，降低物流成本和时间成本。在销售环节，合作社利用电商平台、社交媒体等线上渠道，拓展销售渠道，提高销售效率。同时，通过数据分析，合作社可以精准把握市场需求和消费者行为，制定个性化的营销策略，提高客户满意度和忠诚度。

4. 信息共享与协同作业

"知识集成"模式强调信息共享和协同作业的重要性。农场主合作社通过MFA Agronomy Dashboard平台，实现与供应商、加工商、销售商等合作伙伴之间的信息实时共享和协同作业。通过共享市场需求、库存状况、生产进度等信息，合作社可以优化资源配置，增加供应链价值。

（三）供应链合作机制剖析

"知识集成"模式的供应链合作机制主要有以下特点。

1. 技术共享与协同创新

通过技术共享和协同创新，合作社能够引进和推广先进的农业技术和设备，提高农业生产效率和资源利用效率。同时，合作社还积极参与行业标准的制定和推广工作，推动农业供应链的标准化和规范化发展。

2. 利益共享与风险共担

农场主合作社与农户、加工商、销售商等建立长期稳定的合作关系，通过签订合作协议、共享利润等方式，确保各方的利益得到合理保障。在面对自然灾害、市场波动等不确定性因素带来的风险时，合作社与合作伙伴共同制定应对策略，降低风险对供应链的影响。通过利益共享和风险共担机制，确保供应链各环节的合作伙伴能够共同分享收益、承担风险，维持供应链的稳定性和可持续性。

3. 绿色农业与可持续发展

农场主合作社推广绿色农业技术和实践，鼓励农户采用有机耕作、轮作休耕等环保耕作方式，减少化肥、农药的使用量；同时，合作社还注重农产品的可追溯性和安全性，通过建立农产品追溯体系，确保消费者能够了解农产品的来源和生产过程。这些措施有助于保护生态环境和生物多样性，提高农产品的品质和安全性，满足消费者对绿色、健康农产品的需求。

4. 紧密合作与建立信任

"知识集成"模式强调合作社与合作伙伴之间的紧密合作和信任建立。合作社通过定期召开合作会议、分享经验和技术成果等方式，加强合作伙伴的沟通和协作，紧密合作关系。合作社还注重培养合作伙伴的忠诚度和信任感，通过提供技术支持、培训指导等方式帮助合作伙伴提升业务能力和水平。

（五）合作机制效益分析

"知识集成"模式通过深度整合现代信息技术和农业资源，实现了农产品从生产到销售全链条的智能化管理和信息共享，显著提升了农业生产效率和供应链协同效率。合作社利用物联网技术实时监测农田、养殖场的环境条件和作物生长状况，依据数据调整种植和养殖策略，同时，自动化生产线和智能包装设备的应用确保了农产品的精准分级、加工和包装，而云计算和大数据技术则支撑起高效的智能物流系统，实现了农产品的快速、准确、安全配送。这一系列措施提升了农产品的品质和附加值，有效降低了生产成本和运营成本，显著增强了合作社的市场竞争力。

在技术共享和协同创新上，"知识集成"模式促进合作社与科研机构、高校等建立合作关系，共同研发新技术、新产品，引进和推广先进农业技术和设备，推动了农业产业向高端化、智能化、绿色化方向发展。

在合作机制上，"知识集成"模式通过利益共享和风险共担，构建了供应链各环节的紧密合作关系。合作社与农户、加工商、销售商等合作伙伴签订长期合作协议，共享利润，共同承担市场风险，不仅可增强供应链的稳定性和可持续性，还可有效降低信息不对称和道德风险，促进供应链各环节的协同发展。"知识集成"模式鼓励农户采用有机耕作、轮作休耕等环保耕作方式，减少化肥、农药的使用，同时建立农产品追溯体系，增强消费者对农产品的信任度，实现经济效益和社会效益的双赢。

第四节 以政府项目为核心的智慧绿色农产品供应链合作机制

一、日本"农业数据协作（WAGRI）平台"项目

（一）模式概况

日本"农业数据协作（WAGRI）平台"项目是日本政府为推动农业现代化和可持续发展而实施的一项重要战略举措。该项目通过整合现代信息技术和农业资源，构建智慧农业生态系统，促进农业供应链协作，提高农业生产效率，保障农产品安全。WAGRI平台依托物联网、大数据、人工智能等先进技术，实现了农业生产过程的智能化管理、农产品的精准营销和供应链的协同优化。项目的核心在于通过信息技术的深度应用。项目利用物联网技术，对农田、养殖场等农业生产环境进行实时监测和数据分析，为精准农业提供了科学依据。同时，通过大数据分析，项目能够精准预测市场需求，优化种植和养殖

结构，提高农产品的附加值和市场竞争力。此外，通过信息共享和资源整合，平台可实现农产品从生产到销售的无缝衔接，提高整个供应链的效率和响应速度，有效促进日本农业从传统农业向现代农业的转型，使日本农业生产效率显著提高，农产品质量得到保障（胡鹤鸣等，2024；董春岩等，2020）。

（二）供应链运作流程剖析

日本"WAGRI平台"项目的供应链运作流程高度集成化和智能化，涵盖从智能种植与养殖、精准采摘与收获、智能加工与包装、智能物流与配送到销售与反馈等多个环节。

1. 智能种植与养殖

利用物联网技术，对农田、养殖场等农业生产环境进行实时监测和数据分析。通过监测土壤湿度、养分含量、气候条件等关键因素，项目能够精准调整种植和养殖策略，提高农作物和畜禽的生长效率和品质。同时，项目还引入智能灌溉、智能施肥、智能防疫等先进技术，实现农业生产过程的智能化管理。

2. 精准采摘与收获

通过智能采摘机器人和自动化设备，实现农产品的精准采摘和收获。这些设备能够根据农产品的成熟度和品质要求，进行自动化分拣和包装，减少人工干预，提高采摘效率和产品质量。同时，项目还利用大数据分析，预测农产品的成熟时间和产量，为精准采摘和收获提供科学依据。

3. 智能加工与包装

在农产品加工环节，项目引入自动化生产线和智能包装设备，实现农产品的精准分级、清洗、切割、包装等工序的自动化和智能化。通过大数据分析，项目能够根据市场需求和消费者偏好，灵活调整加工方案，提高产品的附加值和市场竞争力。项目注重环保包装材料的使用，减少包装废弃物对环境的污染。

4. 智能物流与配送

利用物联网和大数据技术，构建智能物流系统，实现农产品的快速、准确、安全配送。通过实时追踪物流信息，项目能够优化配送路线和计划，降低物流成本和时间成本。项目还利用冷链物流技术，确保农产品在运输过程中的新鲜度和品质。项目还与电商平台合作，实现农产品的线上销售和配送服务。

5. 销售与反馈

通过电商平台、线下零售等多种渠道，利用大数据分析消费者购买行为和偏好以及反馈意见，提供个性化的营销和服务。项目还注重品牌建设和营销推广，提高农产品的品牌知名度和美誉度。

（三）供应链合作机制剖析

日本"WAGRI平台"项目中的供应链合作机制主要依赖于政府、农业合作社、农业科技企业和零售商等主体的紧密合作。政府提供政策支持和资金引导，农业合作社负责农产品的生产和管理，农业科技企业提供技术支持和解决方案，零售商则负责农产品的销售和配送，各方主体形成紧密的合作关系，形成绿色智慧农产品供应链。

1. 政府引导与政策支持

日本政府通过制定相关政策、提供资金支持等方式，引导企业和农户参与"WAGRI平台"项目。政府还加强与科研机构、高校等的合作，推动农业科技创新和成果转化。通过政策引导和资金支持，政府为"WAGRI平台"项目的发展提供了有力保障。

2. 企业参与与技术创新

企业作为"WAGRI平台"项目的重要参与者，负责提供先进的技术装备和解决方案。通过与企业合作，项目能够引入物联网、大数据、人工智能等先进技术，提升农业生产的智能化水平。同时，企业还积极参与农业科技创新和成果转化工作，推动农业技术的不断进步和升级。

3. 农户受益与技能培训

农户作为"WAGRI平台"项目的直接受益者，通过参与项目能够提升农业生产效率和产品质量。同时，项目还为农户提供技能培训和技术指导，帮助他们掌握先进的农业生产技术和管理方法，提高自身的生产能力和竞争力。

4. 信息共享与协同作业

"WAGRI平台"项目通过建立信息共享平台，实现供应链各环节的信息实时共享和协同作业。通过共享市场需求、库存状况、生产进度等信息，各方主体协同作业，优化资源配置。同时，信息共享平台还为各方主体提供了沟通交流的平台，促进彼此之间的合作。

（四）合作机制效益分析

日本"WAGRI平台"项目通过构建政府引导、企业参与、农户受益的合作机制，推动智慧绿色农产品供应链的发展，实现了供应链机制和多方效益的显著提升。这些效益体现在农业生产效率的提升、农产品安全的保障、农业可持续发展、农业产业升级、农民收入水平提升等方面。

1. 农业生产效率提升

"WAGRI平台"项目利用物联网、大数据、人工智能等现代信息技术，显著提高了农业生产的效率。智能种植、智能灌溉、智能施肥等系统的应用，提高了农作物的产量和质量；精准采摘和智能加工系统的引入，提高了采摘和加工效率。

2. 农产品安全的保障

"WAGRI平台"项目通过智能监控和追溯系统，实现了对农产品从生产到销售全链条的监管和追溯，鼓励农户采用有机耕作、减少化肥农药使用，提高农产品的安全性，促进农业规范化发展。

3. 农业可持续发展

"WAGRI平台"项目积极推广绿色农业技术和实践，如减少化肥的浪费和污染，鼓励农户采用生物防治、轮作休耕等环保耕作方式，降低农药的使用量，保护土壤和水资源等。

4. 农业产业升级

"WAGRI平台"项目通过引入先进技术和装备，提升了农业生产的智能化水平，促进了农业与其他产业的融合发展。鼓励农业与旅游业结合，发展观光农业、休闲农业等新型业态；推动农业与文化产业融合，通过举办农产品文化节、农业展览等活动，展示农业文化的魅力，提升农产品的附加值。

5. 农民收入水平提升

"WAGRI平台"项目的实施，提高了农业生产效率，降低了农业生产成本，使农户获得了更高的经济收益，鼓励农户参与农产品加工、销售等环节，拓宽了增收渠道。项目还通过技能培训和技术指导，帮助农户掌握先进的农业生产技术和管理方法，提高了他们的生产能力和收入水平，促进了农村经济的发展。

二、新加坡"农业食品创新园（AFIP）"项目计划

（一）模式概况

新加坡智能农业城计划是新加坡政府为应对食品安全挑战、促进农业可持续发展而推出的一项重大举措。为了保障食品安全和促进农业可持续发展，新加坡政府提出了"农业食品创新园（AFIP）"项目（Teng，2009）。该计划通过集成先进的农业技术和管理理念，打造了一个高效、环保、可持续的农业生态系统。在这个系统中，垂直农业、水培和气雾栽培等技术被广泛应用，使人们能够在有限的空间内进行农业生产，减少对土地和水资源的依赖。智能农业城注重环保和可持续发展，通过采用绿色能源、减少使用化肥农药等措施，降低农业生产对环境的负面影响（Singh & Rai，2024）。该计划旨在通过高科技、自动化和可持续技术，提高土地利用率，减少资源浪费，建设自给自足的多主体合作的智慧绿色农产品供应链。

农业食品创新园的建设不仅提高了新加坡的农产品自给率，还促进了农业与科研、教育、旅游等领域的融合发展。通过举办农业展览、科普教育等活动，智能农业城通过向公众展示现代农业，提高公众对农业的认知和兴趣，为新加坡的旅游业带来了新的增长点。

（二）供应链运作流程剖析

新加坡"农业食品创新园"项目的供应链运作流程主要包括以下环节。

1. 智能种植与养殖

利用物联网、大数据和人工智能技术，农业食品创新园对农作物的生长环境进行精准控制。通过监测光照、温度、湿度、营养供应等关键指标，农业食品创新园能够实时调整农作物生长条件，为农作物提供最佳的生长环境。同

时，通过水培和气雾栽培等技术，农业食品创新园实现了高效的水资源利用和无土栽培，减少了对土地的依赖。在养殖方面，农业食品创新园采用智能化管理系统对畜禽的生长状况进行实时监测和精准管理，提高了养殖效率和产品质量。

2. 精准收获与加工

农作物成熟后，农业食品创新园采用自动化收获设备进行精准采摘。这些设备能够根据农作物的成熟度和品质要求进行自动化分拣和包装，减少人工干预，提高收获效率。收获后的农产品被送入智能加工车间进行清洗、分级、包装等处理。

3. 智能物流与配送

农业食品创新园与本地物流企业和电商平台紧密合作，建立高效的物流体系，通过智能调度系统，实时追踪物流信息并优化配送路线和计划，确保农产品能够快速、准确地送达消费者手中。冷链物流技术能够保持农产品在运输过程中的新鲜度和品质，也是农业食品创新园物流体系的重要组成部分。

4. 销售与反馈

农业食品创新园通过线上电商平台和线下体验店等渠道进行产品销售。消费者可以通过电商平台下单购买农产品并享受便捷的配送服务，也可以到体验店选购。农业食品创新园通过数据分析消费者购买行为和偏好，把握市场需求并调整生产计划和产品结构，以满足消费者需求。

（三）供应链合作机制剖析

"农业食品创新园"项目的供应链合作机制强调政府引导、企业参与和科研支持。政府通过政策引导和资金支持，推动农业食品创新园的建设和发展；企业则负责具体的生产运营和市场推广；科研机构则提供技术支持和人才培养，推动农业科技创新和成果转化。这种合作机制确保了农业食品创新园的高效运作和持续发展。

1. 政府引导与政策支持

新加坡政府通过制定相关政策和规划为农业食品创新园的建设和发展提供指导和支持；设立专项基金，对参与农业食品创新园建设的企业和科研机构给予资金补贴和税收优惠，降低其运营成本。

2. 企业参与与市场化运作

农业食品创新园的建设和运营主要由企业负责。企业根据市场需求和消费者偏好，调整生产计划和产品结构，实现农产品的市场化运作。企业还积极参与国际农业合作与交流，引进先进技术和管理经验，提升农业食品创新园的国际竞争力。

3. 科研支持与技术创新

科研机构通过技术研发和创新为农业食品创新园提供先进的技术装备，在农业食品创新园的建设和发展中发挥着重要作用。同时，科研机构还与企业合作开展科研项目和人才培养，推动农业科技创新和成果转化，提升农业食品创新园的科技含量和附加值。

（四）合作机制效益分析

新加坡"农业食品创新园"项目的实施，推动了智慧绿色农产品供应链合作机制创新，通过集成高科技和自动化技术，显著提高了农业生产效率，实现了农产品的本地化生产和自给自足，为新加坡农业的现代化和可持续发展塑造了典范。

新加坡"农业食品创新园"项目计划通过集成垂直农业、水培和气雾栽培等先进技术，最大化土地利用效率，减少了对传统农业用地的需求。技术创新不仅使新加坡可以在有限空间内创造出高效农业产出，还可以减少对化学肥料、农药的使用，降低对环境的污染。

新加坡"农业食品创新园"项目计划通过政府引导、企业参与和科研支持的合作机制，促进了农业科技创新和成果转化，多主体合作的机制提升了供应链价值，推动了农业与其他产业的融合发展。

在智慧绿色农产品供应链方面，新加坡"农业食品创新园"项目计划通过智能物流与配送系统的建设，实现了农产品的快速、准确、安全配送。智能化的供应链管理模式提高了农产品的流通效率和市场竞争力，增强了消费者的信任度和忠诚度。

新加坡"农业食品创新园"项目还注重农业教育与科普工作的开展，积极开展国际农业合作与交流活动，推动新加坡农业与国际接轨，提升新加坡农业的国际影响力和竞争力。

第五节　以电商平台为主导的智慧绿色农产品供应链合作机制

一、"生鲜电商＋智能物流"模式概况

亚马逊作为全球领先的电商平台，其"生鲜电商＋智能物流"模式在智慧绿色农产品供应链领域展现出了强大的创新力和影响力。该模式依托亚马逊强大的电商平台和智能物流体系，将生鲜农产品的采购、存储、加工、配送等环节进行高效整合，构建了从农场到餐桌的无缝对接的绿色智慧农产品供应链模式（桂嘉越，2024）。

亚马逊的"生鲜电商＋智能物流"模式打破了传统生鲜供应链中的诸多瓶颈，如信息不对称、物流成本高、产品损耗大等。通过数字化和智能化手段，亚马逊实现了生鲜供应链各环节的无缝连接和高效协同，为消费者提供了更加便捷、安全、高品质的生鲜购物体验。同时，该模式推动了农业生产的标准化、规模化和智能化发展，促进了农业与电商、物流等产业链的深度融合（孙秀蕾，2021）。

亚马逊的"生鲜电商＋智能物流"模式在供应链运作流程上实现了高度智能化和自动化，主要包括以下环节。

（一）智能采购与供应链管理

亚马逊利用大数据和人工智能技术，精准预测市场需求，并根据预测结果制定采购计划。通过与全球各地的农场和供应商建立紧密合作关系，亚马逊运用物联网技术，对农产品的生长环境、采摘时间、运输过程等进行实时监测，确保产品的新鲜度和安全性。这种智能采购与供应链管理方式，提高了采购效率，降低了库存积压和产品损耗风险。

（二）智能仓储与库存管理

亚马逊采用先进的智能仓储系统，对生鲜农产品进行精准分类、存储和管理。智能仓储系统通过大数据分析，预测库存需求，优化库存结构，减少库存积压和浪费，还能够实现自动入库、出库和盘点，提高仓储效率，降低运营成本。亚马逊利用先进的冷链技术，确保生鲜农产品在仓储过程中的新鲜度。

（三）智能加工与包装

在生鲜农产品的加工和包装环节，亚马逊引入自动化生产线和智能包装设备，实现精准分级、清洗、切割、包装等工序的自动化和智能化。通过大数据分析，亚马逊能根据市场需求和消费者偏好灵活调整加工方案和包装形式。智能加工与包装提高了生产效率和产品质量，降低了人工成本和产品损耗率。

（四）智能物流与配送

亚马逊的智能物流体系覆盖从订单处理、分拣、配送到客户签收的全过程。通过大数据分析和智能调度系统，亚马逊能够优化配送路线和计划，降低物流成本和时间成本。亚马逊还推出了无人机配送等创新物流方式，进一步提高配送效率和服务质量，以提升消费者的购物体验和满意度。

（五）客户体验与售后服务

亚马逊运用电商平台、移动通信等技术提供丰富的生鲜农产品选择和便捷的购物体验。消费者可以通过平台浏览商品信息、下单购买、支付结算。亚马逊还提供优质的售后服务，如退换货、投诉处理等，保障消费者的权益。

二、"生鲜电商＋智能物流"模式合作机制及效益剖析

（一）供应链合作机制剖析

亚马逊的"生鲜电商＋智能物流"模式在供应链合作机制上，注重与合作伙伴的紧密合作和利益共享，共同推动智慧绿色农产品供应链的发展，主要有以下几个特点。

1. 信息共享与协同作业

亚马逊通过建立信息共享平台，实现与合作伙伴之间的信息实时共享和协同作业。通过共享市场需求、库存状况、生产进度等信息，亚马逊与合作伙伴能够共同制订采购计划、优化库存结构、调整加工方案等，降低信息不对称带来的风险，提高整个供应链的协同效率。

2. 利益共享与风险共担

亚马逊与合作伙伴之间建立了利益共享和风险共担机制。通过签订合作协

议、共享利润等方式,亚马逊与合作伙伴共同面对市场波动、自然灾害等不确定性因素带来的风险,共同承担损失。这种合作机制增强了合作伙伴的忠诚度,促进了供应链的稳定发展。

3. 技术创新与标准制定

亚马逊注重技术创新和标准制定,通过引入物联网、大数据、人工智能等技术,提高供应链的智能化水平;积极参与行业标准的制定和推广工作,推动生鲜农产品供应链的标准化和规范化发展。

4. 绿色可持续发展

亚马逊注重绿色可持续发展,在供应链各环节推动环保实践,通过采用环保包装材料、推广绿色物流方式等措施,降低供应链对环境的负面影响。亚马逊也鼓励合作伙伴参与绿色农业实践,共同推动农业可持续发展。

(二)合作机制效益分析

亚马逊的"生鲜电商+智能物流"模式在合作机制上取得了显著的效益,通过高度智能化的供应链运作,亚马逊推动了生鲜电商市场的快速发展和农业生产的绿色转型。

从供应链整体效率和竞争力的角度来看,亚马逊通过高度智能化的供应链运作,显著提高了生鲜农产品的流通效率;通过信息共享与协同作业机制,实现供应链各环节的无缝衔接。这种高效的运作方式降低了运营成本和时间成本,减少了库存积压和浪费。智能仓储、加工和物流系统的应用,进一步提升了供应链的自动化和智能化水平,确保了生鲜农产品的新鲜度和安全性,增强了企业的市场竞争力。

从农业可持续发展和消费者福祉的角度来看,亚马逊的"生鲜电商+智能物流"模式注重绿色可持续发展,可推动农产品供应链的绿色转型,为消费者提供新鲜、安全、高品质的生鲜农产品和便捷的购物体验,提升消费者的生活质量。

第六节　以碳中和为目标的智慧绿色农产品供应链合作机制

一、澳大利亚碳信用单位（ACGU）计划

（一）模式概况

澳大利亚碳信用单位（ACCU）计划是澳大利亚政府推动农业低碳转型的核心政策工具，核心特色是将环境效益与经济效益深度绑定（Evans等，2024）。该计划通过整合现代信息技术、绿色农业技术和可持续发展理念，构建智慧绿色农产品供应链，实现农业生产的智能化、绿色化和高效化。

澳大利亚ACCU计划鼓励农场采用环保的农业生产方式，减少化肥和农药的使用，保护土壤和水资源；通过引入物联网、大数据、人工智能等现代信息技术，实现对农业生产过程的精准监控和管理，提高生产效率，降低生产成本（Fulton，2022）。

（二）供应链运作流程剖析

在澳大利亚ACCU计划的供应链运作流程中，农场主首先根据市场需求、生态环境和农场资源状况，制订可持续的农产品生产计划。这一计划不仅考虑了农产品的产量和品质，还注重环境保护和资源的合理利用。

在采购环节，农场主注重选择环保、高效的生产资料，如绿色肥料和有机饲料。这些生产资料不仅能够提高农产品的产量和品质，还能减少对环境的负面影响。同时，农场主还与供应商建立长期稳定的合作关系，确保生产资料的稳定供应和品质可控。在生产过程中，农场主采用先进的农业技术和设备，在提高生产效率的同时，注重保护生态环境，减少污染。例如，通过智能灌溉系统实现水资源的精准利用，减少浪费；通过智能施肥系统实现肥料的精准投放，降低化肥使用量；通过智能防疫系统实现畜禽疾病的及时防控，减少农药使用；采用环保的包装材料和运输方式，减少能源消耗和废弃物排放。农场主还积极采取回收再利用措施，对农产品包装物等废弃物进行处理，减少资源浪费和环境污染。

在供应链运作流程中，智能种植与养殖、绿色加工与包装、智能物流与配

送以及销售与反馈等环节和相关主体紧密协同合作，共同构成智慧绿色农产品供应链。

1. 智能种植与养殖

农场利用物联网、大数据和人工智能技术，对土壤、气候、作物生长状况等进行实时监测和分析，实现精准种植和养殖。通过智能灌溉、智能施肥和智能防疫等措施，提高农作物和畜禽的生长品质。

2. 绿色加工与包装

农场采用绿色加工技术和环保包装材料，减少能源消耗和废弃物排放；通过精准分级、清洗、切割和包装等工序，提高农产品的附加值。

3. 碳足迹计算与监测

澳大利亚的农业企业通过建立碳足迹计算模型，监测农产品从生产到消费的全过程碳排放。

4. 碳信用交易与流通

清洁能源监管机构（CER）主导的碳信用登记系统，确保ACCUs的权属清晰与防篡改，政府设立保障机制强制高排放企业购碳。

（三）供应链合作机制剖析

澳大利亚ACCU计划的供应链合作机制强调信息共享、协同作业和风险共担。农场与供应商、加工商、销售商等合作伙伴建立紧密合作关系，通过信息共享平台实现供应链各环节的信息实时共享和协同作业。

1. 信息共享

农场主通过ACRS平台，及时获取市场信息和碳价波动数据。通过信息共享，农场主能及时了解市场需求和价格动态，调整生产计划和销售策略，还能借鉴其他农场的先进技术和经验，提高自身的生产效率和产品质量。信息共享平台的建设提高了供应链的协同性和效率，还促进了农业技术的创新和进步。

2. 技术交流

农场主之间定期举办技术交流活动，分享先进的农业生产技术和经验。这些交流活动不仅有助于农场主了解最新的农业生产技术，还能使农场主不断提高自身的生产能力和管理水平，推动农业生产的智能化和绿色化转型。

3. 契约联盟

政策制定认证及补贴标准，与农户签订最低收购价格协议；农户与企业签订优先采购碳标签产品协议，定期接受第三方碳核查；企业与农户签订长期采购协议，按比例分享碳交易收益，为农户提供技术解决方案、市场渠道和加工增值服务。

4. 环境保护

农场主之间共同采取环境保护措施，如共同植树造林、保护水源等，推动农业生产的绿色化转型和可持续发展。

（四）合作机制效益分析

澳大利亚 ACCU 计划通过整合现代信息技术、绿色农业技术，秉持可持续发展理念，构建了一个高效、环保、可持续的智慧绿色农产品供应链体系。

从农业生产效率的角度来看，ACCU 计划通过引入先进的农业技术和设备，显著提高了农产品的生产效率和品质。农场主利用物联网、大数据和人工智能等技术，对土壤、气候、作物生长状况等进行实时监测和分析，减少化肥和农药的使用，降低生产成本，提高了农作物的品质。农场主注重采用绿色、环保的农业生产方式，如有机耕作、轮作休耕等，实现农业智慧绿色发展。

从运营成本的角度来看，ACCU 计划通过优化供应链各环节的管理和运作，降低了运营成本。农场主与供应商、加工商、销售商等合作伙伴建立紧密合作关系，通过信息共享和协同作业，实现了供应链各环节的无缝衔接和高效运作，减少了中间环节和库存积压，降低了物流成本，提高了供应链的透明度和可追溯性，增强了消费者对农产品的信任度和满意度。

从市场竞争力的角度来看，ACCU 计划通过提供高品质的农产品和优质的客户服务，增强了市场竞争力。农场主利用电商平台、社交媒体等线上渠道，提高了市场占有率；通过参加农业展会、举办农产品品鉴会等活动，提升了品牌知名度和美誉度。

从环境保护的角度来看，ACCU 计划通过推动农业可持续发展，促进了环境保护和生态平衡。农场主采用绿色、环保的农业生产方式，降低了对土壤和水资源的污染；积极采取回收再利用措施，对农产品包装物等废弃物进行处理，减少了资源浪费和环境污染。

二、巴西低碳农业（"ABC+"）计划

（一）模式概况

巴西低碳农业（"ABC+"）计划是促进可持续农业的工具，旨在使巴西农业更具可持续性和韧性（De Lima 等，2023）。该项目整合政府、企业、科研机构和农户等多方主体，形成了独特的绿色智慧农产品供应链合作机制。

巴西作为农业大国，拥有丰富的自然资源和广阔的耕地，但长期以来传统农业模式对化肥和农药的过度依赖，导致了环境污染和生态破坏。为应对这一挑战，巴西政府和企业先后推出了"ABC"计划和"ABC+"计划，旨在提高农产品的安全性和竞争力，实现农业的可持续发展。

（二）供应链运作流程剖析

该案例中，供应链的运作流程主要包括以下环节。

1. 原料采购

LiDAR 生物量扫描技术可实现碳储量的实时测算，鼓励农户采用环保的生产方式通过技术培训、资金补贴和政策支持，帮助农户转向有机耕作、轮作休耕等绿色耕作方式（Medina & Thomé，2021）。通过签订合作协议、共享市场信息等方式，项目与农户建立长期合作关系，确保原料供应的稳定性和质量可控性，共同推动绿色农业的发展。

2. 生产加工

在加工环节，注重采用绿色、环保的加工技术和设备，减少能源消耗和废弃物排放；引入先进的加工技术和设备，如低温干燥、真空包装等，提高农产品的附加值；加强对加工过程的监管和检测，确保农产品的安全和品质；建立严格的质量管理体系和追溯体系，实现对加工过程的全程监控。

3. 分销物流

利用现代信息技术优化分销物流环节，提高配送效率和准确性；通过建立冷链物流体系，确保农产品在运输过程中的新鲜度和品质；通过优化配送路线和计划，降低供应链物流成本和时间成本，提高供应链的响应性。

4. 销售与反馈

通过电商平台、超市等渠道将农产品销售给消费者，并收集消费者的反馈意见，不断优化产品和服务质量。电商平台提供便捷的在线购物体验和多样化的支付方式，满足消费者的多样化需求。超市则通过实体店铺和线下活动等方式，增强与消费者的互动。

（三）供应链合作机制剖析

巴西低碳农业计划的供应链合作机制，主要有以下特点。

1. 政府引导与政策支持

巴西政府通过制定相关政策和提供资金支持，引导企业和农户参与"ABC+"计划。政府出台了一系列优惠政策，如设立专项信贷、资金补贴等，降低企业和农户的参与成本（Harfuch，2022）。同时，政府还加强与科研机构的合作，推动农业技术创新和成果转化；通过组织技术研讨会、培训活动等方式，促进农业技术的传播和应用。

2. 企业参与与技术创新

企业作为项目的重要参与者，负责提供先进的农业技术和设备，以及优化的供应链管理方案。企业通过技术创新和模式创新，提高了供应链的运作效率和农产品的附加值。例如，一些企业引入智能灌溉系统、无人机监测等先进技术，实现了对农田环境的精准监测和管理。同时，企业还加强与农户的合作，通过提供技术培训、资金支持等方式，帮助农户提高生产效率。

3. 农户参与与技能培训

农户作为项目的直接受益者，通过参与项目提高了农业生产效率和产品质量。项目为农户提供技能培训和技术指导，帮助他们掌握先进的农业生产技术和管理方法。农户通过培训活动，增强了环保意识，提高了生产技能。

4. 信息共享与协同作业

项目通过建立信息共享平台，实现供应链各环节的信息实时共享和协同作业。通过信息共享平台，项目实现了对供应链各环节的实时监控和可追溯性，同时，项目还鼓励供应链各环节加强协同作业，提高整体效率和响应速度。例如，农户可以根据市场需求调整生产计划，加工企业可以根据原料供应情况优化生产流程，物流企业可以根据订单需求调整配送计划等。

（四）合作机制效益分析

巴西"ABC+"计划通过构建多方合作的绿色、高效、可追溯的农业供应链体系，实现了农业生产效率的提升、食品安全的保障、农业可持续发展的促进、市场竞争力的增强以及农业技术的不断创新等多重显著效益。

从经济效益角度看，巴西"ABC+"计划通过整合多方资源，优化供应链管理，显著提升了农业生产效率和农产品的附加值。项目通过推动农业产业链的延伸和增值，促进了农村经济的多元化和可持续发展。

在生态效益方面，巴西"ABC+"计划通过推广环保的农业生产方式和绿色加工技术，有效降低了农业生产对环境的负面影响，增强了消费者对农产品的信任和偏好。

在社会效益方面，巴西"ABC+"计划为农村地区的社会发展带来了积极影响。项目通过提高农业生产效率和增加农产品附加值，为农户创造了更多的就业机会和收入来源；通过保障食品安全和推动绿色消费，提高了消费者的健康水平和环保意识，促进了社会的和谐发展；通过加强政府、企业、科研机构和农户之间的合作与交流，推动了农业知识的普及和技术的传播，提高了农村地区的教育水平和人力资源素质。

第六章　国内智慧绿色农产品供应链合作机制案例研究

第一节　企业全产业链布局智慧绿色农产品供应链

一、全产业链布局——TW 模式

（一）企业概况

TW 集团是一家深耕绿色农业和绿色能源的大型跨国集团公司，是农业产业化国家重点龙头企业。TW 集团坚持以科技研发驱动可持续发展，组建了包括国家级企业技术中心、国家级实验室，以及具有国际先进水平的国家级检测中心在内的十余个科技研发机构。

（二）智慧绿色农产品概况

TW 集团以绿色农业及新能源产业为主要核心业务，其中，TW 智慧绿色农产品主要涉及了渔业及畜禽业农产品。在绿色农业经营发展中，TW 集团还创新性地将光伏发电与现代渔业有机融合起来，创建了"上可发电、下可养鱼"的"渔光一体"发展模式[1]，在农产品生产等供应链各流程环节都实现了智慧化、绿色化发展。

1. 渔业

在渔业供应链领域，TW 集团深耕水产，以饲料供应为核心，各环节齐头并进，建立了以"苗种繁育—饲料生产—动物保健—绿色养殖—食品加工"为

---

[1] 《"渔光一体"创新发展模式，助推能源产业转型升级》，https://hope.huanqiu.com/article/4JzA65K19Vk。

核心的安全可溯水产产业链，建成了渔业智慧绿色农产品全产业链供应链。TW集团不断加大研发投入与科研力度，以科学技术发展推动公司自主研发生产各类饲料，提高饲料的科技含量，在渔业养殖过程中，推动绿色养殖、智慧养殖，养殖设施建设贯彻"环保、生态、低碳"理念，不断提高渔业养殖过程中的智慧化程度。

2."渔光一体"

"渔光一体"是TW集团渔业产业供应链发展的一个独立分支，将集团两大核心产业智能养殖和清洁能源有机融合，渔业发展与新能源光伏产业紧密合作，创新性地形成了"渔光一体"新渔业一体化发展模式。"渔光一体"模式的主要特点是"上可发电、下可养鱼"，水产养殖与太阳能发电相结合，实现水面上方光伏发电和水面下方渔业养殖的产业协同，不仅提高了土地和水资源的利用效率，还促进了渔业和新能源产业的生态可持续发展。

3. 畜禽业

在畜禽业供应链方面，TW集团旨在打造智能化和标准化的生产链条，发挥农业机械智能化技术对提升农业生产效率、解放劳动力以及推动智慧农业持续发展的重要作用。TW集团将饲料研发生产和智慧牧场紧密结合，推动传统畜禽产业产销一体化与生产智能化转型，以科技赋能智慧化畜禽养殖，推动传统养殖业的转型升级，为其注入数字化与智能化活力，为养殖业提供一套全面、智慧、绿色的解决方案。

（三）智慧绿色农产品供应链概况

绿色农业是TW集团的核心产业之一，其农业经营核心业务主要包括渔业、畜禽业以及相关的饲料产业和食品行业。TW集团布局了农产品全产业链，在企业内部拥有完整的智慧绿色农产品供应链，经营业务涵盖农产品生产资料的研发生产、农产品的养殖加工、物流运输、市场销售等农产品供应链的各个环节，形成企业全产业链布局的智慧绿色农产品供应链模式。

TW集团自主研发生产和销售经营饲料、培育种苗等，提供农产品生产资料，并将原料直接供应给集团下属的养殖基地，开展智慧化、绿色化养殖生产活动。绿色农产品收获后直接投放到市场，或通过食品加工厂对其进行深度加工，最终通过集团食品自有销售网络与其他多样化的销售方式将农产品供应给消费者。同时，在企业内部形成的智慧绿色农产品供应链的基础上，TW集团不断将供应链向外延伸与扩散，积极整合供应链上下游的资源，与企业外部供应链主体展开合作，共同推动农产品供应链发展。TW集团智慧绿色农产品全产业链布局的供应链模式如图6-1所示。

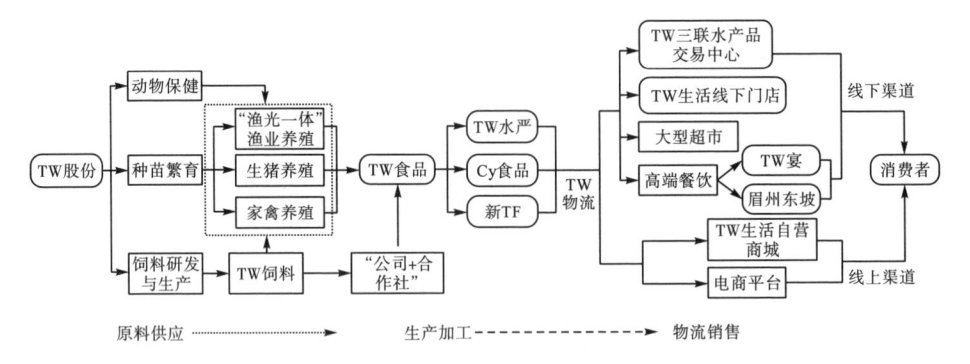

图6-1 TW集团智慧绿色农产品全产业链布局供应链模式

二、供应链运作流程剖析

TW集团智慧绿色农产品全产业链布局"渔光一体"等发展模式，涉及从原料采购与研发、种苗培育、光伏设备制造与建设、渔业与畜禽业的养殖生产、农产品加工到最终产品销售的各流程环节，推动了渔业、光伏产业及畜禽业的高效整合和协调发展。TW集团智慧绿色农产品全产业链供应链模式，在上游环节自主研发生产渔业及畜禽业饲料，加大良种繁育力度，从源头坚持产品的绿色品质；在中游环节坚持绿色养殖理念，利用现代技术进行智慧、高效的养殖生产；在下游环节，对各类水产产品及畜禽产品进行加工处理，在全产业链实施严格的质量控制，做到产品绿色化和全程可追踪可溯源。

（一）供应链上游：原料供应

1. 种苗繁育

在种苗繁育环节，TW集团坚持"推进良种选育"，以优质种苗繁育标准化基地为载体，将核心技术、宣传平台和市场网络平台等优势资源进行共享，以整合全行业水产及畜禽种的良种选育和产学研产业链，打造水产良种推广创新平台。集团利用生物技术进行良种选育，确保养殖品种的优良基因得以传承，通过智能化的种苗管理系统，对种苗的生长环境进行精确控制，持续为下游养殖提供健康、活力强的种苗。

2. 饲料研发与生产

饲料研发与生产是 TW 集团农产品供应链中的重要一环，集团以科技驱动可持续发展，饲料经几代研究人员的潜心研究与实践，不断改进饲料的营养配比，目前已包括了鱼饲料、猪饲料等多个品类。同时，智能生产线的应用不仅提高了饲料生产的效率，还保证了产品质量的稳定性。

（二）供应链中游：生产加工

1. 动物保健

为保障无公害水产养殖的持续发展，近年来，TW 集团在全国各地打造无公害水产养殖园区，生产绿色安全水产品。集团不断整合旗下各研究所与分（子）公司等的优势资源，打造绿色品牌。

2. 绿色养殖

在渔业养殖方面，TW 集团遵循"环保、生态、低碳"理念，致力于环境友好型水产养殖模式的应用推广，按照规模化、集约化、标准化、现代化、生态化水产养殖模式，建立绿色无公害养殖基地；采用先进的水产养殖管理系统，通过物联网技术对养殖环境进行实时监控，包括水质、温度、溶解氧等关键参数的监测，确保养殖环境的优化，同时创新研发了包括池塘底排污、生态电化水、"渔光一体"等设施。

在畜禽业方面，TW 集团拥有完整的智慧、绿色养殖方案，如对生猪的养殖活动，通过使用智慧养殖技术，利用物联网技术实时监测生猪生长的环境信息，并通过智能无线控制设备自动调控猪舍的环境条件，实现猪只的健康生长和繁殖，提高仔猪养殖效率和动物福利度，通过绿色养殖技术方案实施全过程绿色养殖，对养殖废弃物如粪污进行无害化、资源化处理，减少养殖过程中的环境污染，促进畜禽业的可持续发展。

TW 集团还通过"公司＋农户"等形式助力合作社、家庭农场的标准化建设或是通过与其共建标准化的养殖场以 TW 质量安全标准为基础进行智慧化、绿色化养殖，通过订单、直接采购等形式向其采购农产品。

3. 食品加工

TW 食品是 TW 集团打造的食品产业品牌，旗下拥有多家大型现代食品加工厂，通过实施严格的质量控制标准，确保鱼类及畜禽产品在加工过程中的品质，实现产品从"从源头到餐桌"的全程监控和追溯。

（三）供应链下游：物流销售

在物流运输方面，TW集团拥有智能化的物流配送系统，能够实现产品的快速分拣、包装和运输，能够将产品快速投入市场，提高市场响应速度。TW集团还在主要城市地区建有TW生活配送中心，将生鲜农产品直接储藏于市场。

TW食品采用多渠道、多样化的销售策略，线下与线上相结合、传统与新零售模式相结合：在线下，建立了水产品交易中心，自主经营TW生活食品专卖店，消费者可以直接到店体验消费；与各经销商紧密合作，直接将产品配送给大型超市或高端连锁餐饮。在线上，TW集团在各主要电商平台上有官方旗舰店，还自建TW生活自营商城，消费者可随时线上浏览、购买商品，TW生活配送中心能实现同城快送，产品"当天下单、当天送达"，提高消费者便利度。

三、供应链合作内容及机制剖析

在TW的"渔光畜三业一体"全产业链布局模式中，企业内部经营业务涉及农产品全产业供应链中的各个环节，是一条完整的智慧绿色农产品产业链及供应链。

（一）供应链内部合作内容及机制剖析

在TW集团智慧绿色农产品供应链内部合作中，企业自主经营业务涵盖农产品供应链的各个环节，在供应链的上中下游都拥有集团下属研发院所、生产基地、子公司等。TW集团绿色农业产业的发展既涉及供应链上游的原料生产和供应环节，又涉及供应链中游的生产、加工环节，同时也涉及供应链下游的物流与经销环节，各环节各部门单位既独立又紧密协作，形成供应链各环节在企业内部的合作机制。

在协调机制方面，集团统一领导与组织供应链运作，协调各部门间协作；在监督机制方面，集团实施统一的监督体系，制定统一的规则、质量标准，保证农产品品质；由于供应链各环节经营主体处于集团内，是一个整体，信息资源的流动阻碍较小；在集团统一的分配与调节下，供应链上各部门单位依据经营绩效分配利益，并共同分担供应链发展的风险，实现了利益共享、风险共担。

(二) 供应链外部合作内容及机制剖析

TW集团在以本企业农产品全产业链为供应链核心的基础上，积极将其供应链向外延伸，寻求与其他主体的合作：在科技研发领域，不断加强与各科研院所的合作，研究风险共担、研究成果共享；在生产养殖领域，除自建的标准化养殖基地外，以"公司+农户"的形式与合作社、家庭农场等经营主体展开合作，共建标准化养殖场，以标准化约束农户养殖行为；在销售环节，除利用自有销售渠道外，积极与经销主体展开合作。

四、供应链合作机制效益剖析

(一) 经济效益

由于TW集团进行农产品全产业链布局，主导了农产品原料供应、产品生产加工、运输销售的每一个环节，原本独立的供应链各环节变为一个有机整体，各环节在发挥自身作用的基础上能够实现通力合作，信息资源能够在供应链整个链条上有效流通，打破了各环节间的信息隔阂，极大提高了供应链的运行效率。

(二) 社会生态效益

TW集团通过"公司+农户"等形式，与合作社、家庭农场等新型农业经营主体展开了紧密合作，通过与其共建或技术传授等形式助力标准化养殖场的建设，对合作社农户进行养殖技术的培训和指导，带动区域养殖业发展。TW集团提倡绿色、智慧化的养殖方式，强调通过高效利用资源，减轻对环境的破坏和影响，将绿色生产经营理念与模式向其他主体推广，带动其他主体共同进行绿色化的生产经营。

第二节　以龙头企业为核心的智慧绿色农产品供应链

一、"合作＋智创＋推广"——CD 模式

（一）企业概况

四川 CD 种业有限责任公司（下文简称"CD 种业公司"）是一家集科研、生产、销售、技术服务为一体的农业高新技术企业，专注于农作物种子研究开发与生产经营，同时提供农业咨询科技服务。

（二）智慧绿色农产品概况

CD 种业公司主营业务是玉米、水稻等种子的研究开发与生产推广，致力于提供智慧绿色农产品。在种子研究开发与育种方面，该公司依托其农业科技设施设备与绿色的生态理念，运用如基因编辑、分子标记辅助选择等技术，培育、筛选出具有优良特性的种子品种，如载有 DBN 优秀抗虫耐除草剂性状的玉米新品种 CD 99DT。在种子的示范种植方面，CD 种业引入智慧农业系统，通过先进的农业种植设施设备、传感器网络，实时监测土壤湿度、肥力等数据，实现精准灌溉、精准施肥，实现智慧绿色农产品生产。

（三）智慧绿色农产品供应链概况

CD 种业公司属于农产品原料供应企业，主要负责向农产品供应链下游提供种子产品，发展形成了"合作＋智创＋推广"供应链合作机制，在供应链各环节与其他单位保持紧密合作，共同研究开发、共同推广销售，利用先进、智能化的科技设备推动种子资源的开发与良种选育和种子产品的规模化生产与加工。除种子销售外，CD 种业公司经营业务还涉及部分肥料、农用薄膜和农业机械等农业相关产品，为农民生产所需提供全套解决方案。CD 种业公司智慧绿色农产品供应链布局如图 6－2 所示。

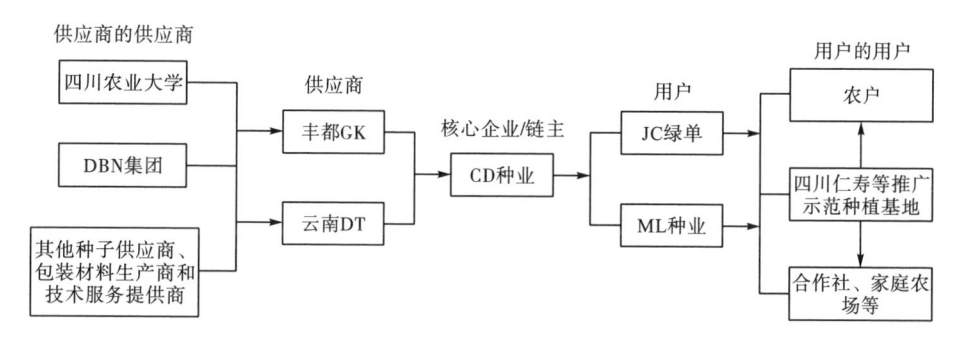

图 6-2 "合作＋智创＋推广"智慧绿色农产品供应链布局

二、供应链运作流程剖析

CD 种业公司的"合作＋智创＋推广"模式构建了农产品上游企业与供应链下游环节其他主体协作的较为完整的智慧绿色种子产品供应链合作机制。

（一）供应链上游：研发培育

CD 种业公司的种子产品供应链上游环节主要涉及种质资源的开发与优良品种的选择与培育。CD 种业公司通过搜集玉米、水稻等主要农作物的野生品种、传统品种及目前现有的各优良品种，建立较为完整的主要农产品种质资源库，为新品种的选育与改良提供丰富的可选择基因资源。在种子的研发环节，CD 种业公司注重与其他公司及高校科研机构的合作，共同致力新的优良品种的研发与选育。

（二）供应链中游：现代化生产加工

CD 种业公司的种子产品供应链中游环节主要涉及将公司选育出的品种进行批量化的生产加工与包装，通过现代化、智能化的设备进行种子的批量生产、加工和包装，提高种子生产效率。在种子的生产中，CD 种业公司实施绿色生产、智慧生产，建立标准化的种子生产基地，引入智慧物联网技术，对种子的生长环境进行实时监测与智能调控，通过传感器收集土壤湿度、温度以及肥力等数据，实现精准灌溉和精量施肥，降低资源消耗。在种子加工环节，CD 种业公司建立质量标准控制体系，以确保种子符合标准。

（三）供应链下游：产品营销及售后服务

CD 种业公司联合其他公司共同开展市场销售与推广，建设种子产品市场销售网络，并加大对新品种的推广宣传力度，如搭建智能推广平台，举办产品展览会、宣讲会等；通过示范种植的方式向农户展示产品的生长成果，通过田间示范、指导等形式直接向农户宣传优良种子品种。CD种业公司通过与各微小零售商的供货及合作，将产品销售网络深入农村、乡镇，同时提供售后服务支持，如种植技术指导、问题解答等。

三、供应链合作内容及机制剖析

在CD种业公司的"合作＋智创＋推广"发展模式中，"合作"是供应链该公司的重要内容。在智慧绿色农产品供应链的上中下游各环节，该公司都致力于与各参与主体保持紧密合作，如在供应链上游与科研机构、原料供应商合作；在供应链中游与各生产基地合作，共同建设标准化的种子生产基地；在供应链下游，与物流企业、各经销商展开合作，共同优化产品的物流运输与市场营销活动。

（一）供应链上游合作内容及机制剖析

在供应链上游环节中，CD种业公司主要与科研机构和原料供应商展开合作。CD种业公司与各大农业科研单位建立合作关系，共同参与研发优良新品种，共同分担新产品的研发风险。

在与原料供应商合作方面，CD种业公司会选择与优质的农资供应商签订长期供应合同，确保种子生产资料的质量稳定、价格合理；建立供应商评估体系，定期对原料供应商的产品质量、交货期、售后服务等进行考核评估，对于表现优秀的供应商给予更多的订单份额，同时也监督了原料供应商的供货品质。

（二）供应链中游合作内容及机制剖析

在供应链中游，CD种业公司主要在生产基地建设和管理方面与其他主体展开合作，尤其是与新型农业经营主体的合作：通过自建、合作或租赁等方式构建标准化、规模化、智能化的种子生产基地；在基地管理上，通过与当地的农业合作社或种植大户合作，以订单等形式将部分种子生产环节外包，如由合作社组织农户进行播种和田间作业，由公司提供技术指导与生产信息标准，双方按照合同协议约定的质量和产量标准进行结算，有效控制产品质量。

（三）供应链下游合作内容及机制剖析

在供应链下游，CD 种业公司与物流企业、经销商和客户展开合作。在与专业的物流企业的合作中，构建种子配送网络：公司将订单与库存信息共享给物流企业，双方制订科学的配送计划，确保种子及时、准确地送达各地经销商和客户。双方合作共建冷链与仓储管理系统，保障种子在运输和储存过程中的品质。

在与经销商的合作中，CD 种业公司为经销商提供产品销售培训和市场推广支持，包括产品知识讲解、销售技巧培训以及广告宣传物料等，双方签订销售协议，明确销售区域、销售任务和统一价格政策等。经销商负责在其区域内开拓市场、销售产品，并及时反馈市场信息和客户需求，以便企业能够及时调整产品策略和市场布局。

CD 种业公司与主要客户，如种植企业、合作社、大型农场等，建立直接沟通渠道，为其提供个性化的种植解决方案，根据客户的土壤条件、种植规模和目标产量等综合因素，为其推荐合适的种子品种并提供配套的技术服务。同时通过建立客户反馈机制，收集终端客户种植的真实情况数据与体验建议，用以企业调整、优化产品。

四、供应链合作机制效益剖析

（一）经济效益剖析

CD 种业公司通过与供应链上中下游主体的紧密合作，得到了稳定、快速的发展。在原料供应方面，通过与优质的农资供应商建立长期合作关系，确保了种子生产所需原材料，如化肥、农药等的稳定供应，有助于公司合理安排生产计划，避免因原材料短缺导致的生产中断，保障种子的生产进度和产量。

在品牌发展方面，公司注重与科研机构密切合作，获得前沿的育种技术和专业的科研人才支持，能加速新品种的研发与培育，以保持较强的市场竞争力；在生产过程中，通过与合作社、种植大户等新型农业主体合作，共同执行严格的生产标准和质量控制体系，以保证种子的纯度、净度、发芽率等质量指标。

在成本控制方面，公司利用新型农业经营主体的土地资源与劳动力优势，实现了生产外包，降低了成本投入；与专业物流企业的合作方面，借助其完善的物流网络和信息系统实现种子的高效配送，同时降低物流配送成本；在市场推广、营销方面，通过与各经销商的合作，帮助经销商提升销售能力。

(二) 社会效益剖析

CD种业公司种子品种具有较好的特性，有助于增加作物产量，保障粮食安全，贯彻落实粮食安全战略。同时，公司通过外包合作等形式，帮助提高外包合作单位的员工收入水平。

(三) 生态效益剖析

CD种业公司的种子品种，通常具有较强的抗旱、抗病虫害、抗倒抗逆、适应性强等特性，相较于传统品种，在其种植生长过程中，不需要施用过多的农药、化肥，属于绿色种子品种；同时，公司为用户提供绿色生产技术指导和培训，推动用户绿色种植，减轻对环境的影响。

第三节 以专业合作社为核心的智慧绿色农产品供应链

一、"三产融合"——JW合作社模式

(一) JW合作社概况

广西壮族自治区南宁市武鸣JW农业专业合作社（下文简称"JW合作社"）成立于2013年，以沃柑种植为主营产业，在此基础上不断完善金融和技术服务、果品增值包装及冷链服务，配套农业观光旅游，打造不同产业融合发展的沃柑全产业链，在以专业合作社为核心的智慧绿色农产品供应链建设中具有一定代表性。

(二) 智慧绿色农产品概况

JW合作社主要经营的农产品是沃柑，"武鸣沃柑"是首批入选广西"桂字号"区域公用品牌的农产品品牌之一[1]，是国家地理标志商标（谢妮，

---

[1] 《广西武鸣力推沃柑标准化生产，打造"武鸣沃柑"区域公用品牌》，https://gx.chinadaily.com.cn/a/202012/09/WS5fd0bafda3101e7ce973454e.html。

2023）。JW合作社积极响应国家绿色发展方针，依托中国农业大学、广西大学、广西农科院等科研机构的技术力量，进行绿色栽培、标准化生产、品牌化打造，为消费者提供绿色、安全、营养、健康的高品质水果。

JW合作社旗下打造的品牌绿色水果曾先后通过了富硒、无公害农产品认证。在水果生产加工过程中，JW合作社一方面组织沃柑专业种植技术团队下果园现场指导，统一配给农资，指导农户进行施肥与施药作业，有效防止农药残留超标，保证了农产品的绿色化品质；另一方面，以沃柑"科技小院"为依托，不断推进生产新技术、智慧新设备的推广应用，在加工过程中也统一使用"武鸣沃柑"溯源二维码，应用智能化的设备进行标准化加工，提高产品品质。

（三）智慧绿色农产品供应链概况

在政府部门的大力支持下，JW合作社不断整合农产品供应链上下游资源，推动农村一、二、三产业融合，形成了"三产融合"的农产品供应链发展模式。该供应链以JW合作社为主导，将第一产业中的沃柑种植，第二产业中的沃柑分级加工，第三产业中的沃柑运输、沃柑市场销售以及沃柑采摘节等文旅活动有机结合，建成了一体化发展的农产品供应链条。

JW合作社还建设了"3+N"嘉沃科技供应链平台，连接了银行、企业和政府多方，汇集金融企业、渠道商、农资厂家、科研机构、加工厂、冷链运输、成员种植户等各方资源和信息，形成以合作社为中心的农产品供应链[1]，包括"合作社+银行+农户+企业+物流运输+渠道商+消费者"的全产业链条。在该供应链中，农户在合作社的统一指导与帮助下开展绿色化沃柑等水果产品的生产活动，合作社统一收购农户农产品，在标准化、智慧化的加工基地中进行统一分类和加工处理，将产品储藏于合作社建设的冷库中，延长沃柑等水果产品的保鲜期与供货期。合作社采取线上线下"两条腿走路"的方式，联结了多户沃柑种植户、多个渠道商，组建了高效的沃柑产销对接采购渠道，实现了产品的快速销售。JW合作社还积极延伸供应链、推动农旅融合，在其休闲生态农庄内开展包括水果采摘等的一系列农文旅活动。JW合作社"三产融合"智慧绿色农产品供应链布局如图6-3所示。

---

[1]《创新服务模式　助推产业提档升级——广西壮族自治区南宁市武鸣嘉沃农业专业合作社》，https://baijiahao.baidu.com/s?id=1768644193098787814&wfr=spider&for=pc。

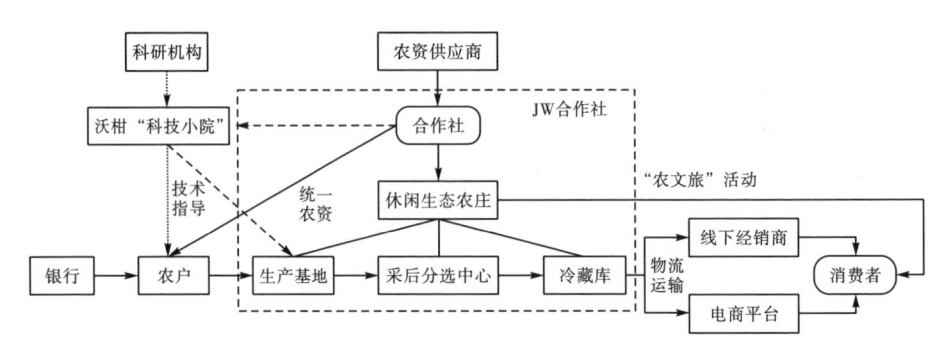

图 6-3　JW 合作社"三产融合"智慧绿色农产品供应链布局

二、供应链运作流程剖析

"三产融合"的供应链发展模式以专业合作社为核心，通过将沃柑等农产品一、二、三产业的发展有机融合起来，使得沃柑等农产品的生产、加工、仓储运输以及市场销售环节有机结成了一个整体，能够快速将智慧绿色农产品从生产者那里送到消费者手中。

（一）供应链上游：农产品生产

在农业生产资料供应方面，JW 合作社会协助农户解决沃柑种植的资金难题，如由合作社牵头并作为担保方，向金融机构申请低息种植贷款支持，帮助农户利用贷款购买沃柑种植的生产资料，如树苗、农机设备等。JW 合作社与各类优质的农资供应商建立了长期合作关系，综合考虑农资的性价比、环保性等因素，优先选择绿色、环保、高效的农资产品。

在农产品种植生产方面，JW 合作社会为农户提供技术指导与支持，如相关技术人员下果园指导农户管理沃柑，帮助农户合理施用化肥与农药，减少农药与化肥的残留。农户收获后的沃柑等农产品直接出售给合作社，合作社统一采购、统一销售。

（二）供应链中游：农产品加工及仓储

在农产品处理加工方面，JW 合作社建立了沃柑采后分选加工厂，采取统购统销方式，将采收的沃柑集中到采后分选中心进行清洗、分拣、分级、包装等，并使用统一的溯源二维码；在处理加工过程中注重采用环保、节能的加工设备和工艺，减少对环境的污染，同时通过自动化设备和信息化系统的应用，提高生产智慧化程度、加工效率和产品质量的稳定性。

在仓储管理方面，JW合作社建设了现代化的仓储设施，配备专业的仓储设备，根据不同农产品的特性，提供适宜的仓储环境，延长农产品保鲜期，利用智慧化的仓储管理系统对库存产品进行实时监控和管理，实现库存的精准控制和高效调配。

（三）供应链下游：市场销售

JW合作社通过线上线下结合的方式拓展沃柑等农产品市场，利用传统销售渠道及电商平台销售两种销售策略推广与销售特色农产品，通过联结沃柑种植户及渠道商，组建了高效的沃柑产销对接渠道。在传统销售渠道方面，合作社与各大商超、农贸市场、批发商等保持了紧密联系，将产品配送给各经销商，还通过参加各省农产品展销会等活动，展示合作社的绿色农产品，提高品牌知名度和市场影响力。在电商平台销售方面，JW合作社在各大电商平台开设合作社官方店铺，与电商平台达成合作，通过电商平台的宣传推广及直播达人的现场直播带货活动，将智慧绿色农产品送达终端消费者手中。

合作社还注重通过"农文旅"产业融合的方式促进农产品销售，如建立现代农业产业园等，集水果育苗、种植、技术服务、果品贸易、增值包装及冷链于一体，配套农业观光旅游，打造"三产融合"的新型农业示范基地，吸引消费者到合作社游玩，促进农产品销售。

三、供应链合作内容及机制剖析

JW合作社农产品"三产融合"的供应链发展模式，有效推动了农产品的销售推广，供应链平台有效连接各经营主体及服务，实现信息共享，整合各方资源。

（一）供应链上游合作内容及机制剖析

通过联合多个农户共同组成专业合作社，JW合作社与社员、周边农户就沃柑等果品种植生产展开了密切合作。在契约保障机制方面，以合作社的形式开展生产经营活动，确定组织架构，通过制定明确的规章制度，使双方的合作更具有稳定性。在监督约束机制方面，合作社通过制定明确的规章制度，对生产经营活动展开监督；通过技术指导、统一农资供应、订单等形式，约束农户的生产行为，促使其开展绿色化、智慧化、标准化的种植活动，生产绿色安全的农产品。

在激励机制方面，合作社通过分级采购，以优果优价的形式激励着农户开展高质量种植。在信息共享机制方面，通过共建"社员之家"与科技供应链平台，合作社与社员共享生产、市场等信息资源。在利益与风险分配机制方面，合作社将分散的农户集合起来，通过土地流转、入股分红、订单农业等方式，与农户建立利益联结机制；同时，合作社统购统销的方式，减轻了农户市场销售风险和合作社的供应来源风险，双方共同分享利益、分担风险。

（二）供应链中游合作内容及机制剖析

JW合作社与当地数家沃柑种植合作社及企业共同组成沃柑产业联合会，以提高品牌影响力及知名度，合作社与当地其他企业共享品牌发展带来的红利。通过吸纳村集体经济发展资金，合作社与各村集体展开合作，共建沃柑产后商品化处理中心项目，在扩大合作社发展规模的同时，也带动了其他村集体沃柑产业的发展。

（三）供应链下游合作内容及机制剖析

JW合作社通过与物流企业合作，实现对产品的加工、包装及运输。在合作中，双方通过签订明确的合作合同，达成长期稳定的合作关系。在果品市场销售方面，合作社结合线上、线下两种方式销售产品，推广合作社农产品。合作社建设科技供应链平台，汇集多种的信息资源，与各方实现信息共享。

四、供应链合作机制效益剖析

（一）经济效益

1. 降低成本

JW合作社与上游农资供应商合作，通过集中采购获得更优惠的价格，降低农资采购成本；通过将分散化的农户集中起来，形成规模化的生产，帮助合作社降低生产成本；与科研机构合作，有效降低农产品新技术的开发和应用成本；与物流企业合作，通过巨大的物流订单需求，获得更优惠的运输价格，降低农产品的运输成本。

2. 提高农产品的附加值

JW合作社通过与当地其他沃柑种植合作社及企业合作，共同打造农产品品牌，提升品牌知名度和美誉度，使产品在市场上更具竞争力，能够以更高的价格销售，提高农产品的附加值。

（二）社会效益

保障农产品质量安全。在与农户的合作中，JW合作社组织了技术团队下果园指导农户合理施用化肥与农药，统一为农户分配农资，防止化肥农药残留超标，实现绿色生产。合作社还与供应链上各主体相互监督，确保农产品在供应链中从生产、加工、运输到销售各个环节的产品质量安全，为产品配备统一的溯源二维码，实现对农产品的有效追踪与溯源。

增加就业机会。沃柑等智慧绿色农产品供应链的发展，涉及从生产、加工到销售、物流等多个环节，创造了大量就业岗位。JW合作社联合农户，整合资源，以金融、技术服务等为纽带，以数字化管理带动周边农户就业。

推动新技术成果转换。JW合作社与科研机构展开合作，有效促进科研成果的迅速转换，合作社为科研机构提供新技术、新模式的实验场所，能够迅速检验新技术、新模式应用的实际情况；后者则可为农户提供技术指导，使农户迅速应用新技术、新模式。

（三）生态效益

在合作社的主导下，各方共建沃柑绿色品牌，打造智慧化、绿色化的农产品供应链，采用绿色的生产技术与方法，降低沃柑等农产品种植对土壤和水体等的污染。智慧化生产种植、分级加工设施设备的应用减少了资源的浪费，提高了资源利用效率。

第四节 以现代农业产业园为核心的智慧绿色农产品供应链

一、"产业园集聚"——天府蔬香模式

（一）天府蔬香现代农业产业园概况

彭州是全国性的蔬菜生产基地之一，承担着为四川乃至全国"菜篮子"保供的重任。彭州蔬菜以种植规模大，科技含量高、产量高、品种多、品质优而闻名。彭州天府蔬香现代农业产业园是彭州现代农业发展的重要载体，在推动

农产品供应链发展方面优势明显[①]。

天府蔬香现代农业产业园位于彭州市东部,是成都市现代农业重点园区之一,园区以蔬菜、川芎作为主导产业,涵盖农业冷链、农业物流、农产品加工、农业会展、农业休闲观光等产业融合业态。园区内建设有蔬菜种业创新集聚区、农产品商贸物流加工区、农商文旅体融合区等片区。

(二) 智慧绿色农产品概况

作为彭州蔬菜等农产品种植的核心,天府蔬香现代农业产业园以蔬菜、川芎等彭州特色农产品为主导产业,在农产品农资原料供应、生产种植等方面开展了绿色化生产,运用智慧化生产设施设备,不断提高农产品智慧化、绿色化程度。园区内四川省蔬菜工程技术研究中心等机构专注于绿色、优质蔬菜种子和种苗的研发与培育,利用先进的研究设备与方法不断选育具有优良特性的蔬菜品种,利用如高通量DNA提取、分子标记、倍性育种的先进科研方法,其选育出的具有优良特性的蔬菜品种在种植过程中可以有效减少化肥、农药的投入。在种苗的繁育过程中,产业园利用智能温室大棚,通过检测棚内的空气湿度、光照强度和温度环境等指标,精准调控、精良施肥,提高了种苗生产的智慧化、绿色化程度。园区还不断推广应用蔬菜种植新技术、新模式,如全光谱立体种植模式,以科技引领,展现"未来农业"的无限可能。

(三) 智慧绿色农产品供应链概况

园区以天府蔬香现代农业产业园为核心,通过招商引资,吸引农业企业、科研机构、物流企业等农产品供应链相关主体在园区合作建设生产运作基地,形成彭州天府蔬香智慧绿色农产品供应链发展模式。各主体在园区的联系与协调下,与其他主体就近展开合作,通过高效的合作机制有效提升智慧绿色农产品供应链的效率和响应性。

天府蔬香现代农业产业园以农产品种植生产为主导,通过联结供应链上各方主体打造了集工厂化育苗、规模化种植、社会化服务、商品化处理、精细化加工和品牌化营销为一体的蔬菜全产业链[②],形成了"政府+产业园+企业+合作社+农产品交易中心+物流+市场+消费者"的一体化智慧绿色农产品供

---

① 《彭州入选!创建国家农村产业融合发展示范园》,https://m.thepaper.cn/baijiahao_12083794。

② 陈地杰:《四川省彭州市:建设蔬菜全产业链 打造中国"西部菜都"|全产业链典型县案例》,https://www.nfncb.cn/index.php/xctx/11539.html。

第六章 国内智慧绿色农产品供应链合作机制案例研究

应链条。

在供应链上游原料供应中，由政府引领，产业园与科研机构、种业企业等共建种子研发与培育中心，由种业中心向产业园区的蔬菜种植基地直接供应具有优良特性的绿色种子品种；在供应链中游农产品生产加工环节，园区吸引专业农业种植加工企业入驻，共建标准化的蔬菜种植与加工基地；在供应链下游，园区与农产品贸易公司合作，在园区内建设大型农产品交易中心，通过专业物流企业将农产品供应给各大型超市、批发商。天府蔬香现代农业产业园"产业园集聚"智慧绿色农产品供应链模式如图 6-4 所示。

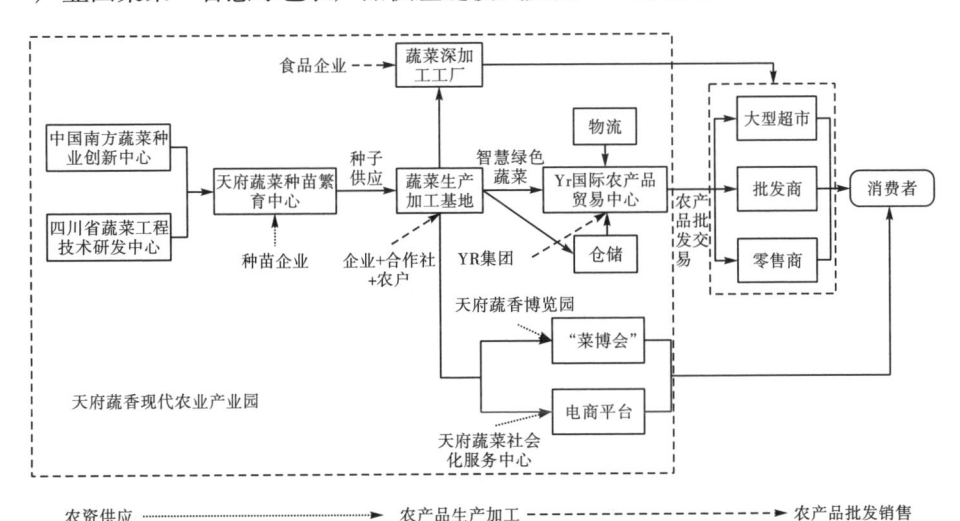

图 6-4 天府蔬香现代农业产业园"产业园集聚"智慧绿色农产品供应链

二、供应链运作流程剖析

天府蔬香供应链模式将农产品供应链各环节主体聚集到产业园，各方在园区内就近展开合作，极大提升了农产品供应链的运作效率，发挥了规模效应。

（一）供应链上游：种子研发及种苗繁育

产业园通过与科研机构及专业种业企业合作，在园区内建设了种子研发中心及种苗繁育基地，专注于蔬菜新品种的研发、展示以及蔬菜种子种苗的供应。在蔬菜新品种研发方面，产业园建设了"种子银行"，保存了数以千计的蔬菜种子。这不仅保护了蔬菜品种的种质资源，也为各中心蔬菜新品种的选育提供了便利。在种苗繁育方面，园区建设了天府蔬菜种苗繁育中心。该中心配备了标准化生产基地及智能玻璃温室大棚，承担着蔬菜种子种苗的生产与销售、新品种研发引进及展示推广等工作，不断推广示范蔬菜新品种和新技术[①]。

（二）供应链中游：农产品生产加工

在彭州市政府及产业园区的大力招商引资下，产业园区吸引了大量农产品种植及加工企业，推动了蔬菜等农产品的机械化、规模化生产，保障了蔬菜等农产品的大量、稳定供应。在农产品种植方面，由政府牵头，农产品企业与当地专业合作社及农户展开合作，共同开展蔬菜等农产品的种植生产活动。在园区和农产品企业的协作下，园区内建设了标准化的蔬菜种植基地。在种植过程中，贯彻绿色生态的种植理念，并在规模化生产中广泛应用智慧化的农业生产设施及农机设备。

在农产品加工方面，产业园区已形成农产品加工业集聚区。部分蔬菜等初级农产品在收获采摘后，会被送往产业园的农产品商贸物流加工区，经过清洗、检验、分类、包装等标准化加工流程后供应市场。加工过程中实行农产品全程质量管理，确保产业园生产的农产品品质。

（三）供应链下游：农产品批发与市场销售

天府蔬香现代农业产业园与YR集团在园区内共同建设了YR国际农产品交易中心。该交易中心是国家级蔬菜市场，也是西南地区最大的农产品批发交易市场，在当地农副产品的快速集散和流通中发挥着重要作用。交易中心每天供应蔬菜、水果超万吨，辐射川渝、西南、西北、华北等区域。交易中心集农副产品展示交易、加工仓储、冷链配送、安全溯源及配套商务功能于一体。天府蔬香产业园及周边地区的蔬菜产品被运往该交易中心进行冷链储藏、交易配送，并通过专业物流企业将蔬菜等农产品销往全国[②]。

除了通过农产品交易中心销售蔬菜等农产品外，天府蔬香产业园还通过电商平台等多种方式开展农产品销售推广，不断扩大市场。一方面，产业园利用开发的农业大数据分析系统和农产品电商销售系统，通过电商平台将蔬菜种植基地与终端消费者直接联系起来，将生鲜农产品直接送到终端消费者手中，实

---

① 《彭州入选！创建国家农村产业融合发展示范园》，https://m.thepaper.cn/baijiahao_12083794。

② 蒋俊伟：《四川彭州：打造中国西部"蔬菜摇篮"》，https://www.163.com/dy/article/JI869C5005569NSA.html。

现了产地直销。另一方面,产业园通过举办"菜博会"等形式促进蔬菜产品的展销,吸引供应链下游的蔬菜销售商和消费者参会,搭建交流平台,进一步推动农产品直销。

此外,天府蔬香产业园还注重"农文旅"融合发展。园区内的天府蔬香博览园兼具餐饮、休闲、观赏体验、会晤等多样化功能,是国内首个以蔬菜农业为主题的乐园,吸引了众多终端消费者到园区观光消费。

三、供应链合作内容及机制剖析

天府蔬香现代农业产业园"产业园集聚"的农产品供应链发展模式,以农业产业园为核心,吸引了农产品供应链条上种子种苗供应商、农产品生产加工商、批发商等各类主体在园区内的集聚发展,在园区内各方能就近进行密切、稳定的合作,有效提高了农产品供应链的运作效率,有效发挥了规模效应。

(一)供应链上游合作内容及机制剖析

智慧绿色农产品供应链的上游主要包括产业园与科研机构、种业企业、种业中心、繁育基地以及农产品生产种植基地之间的合作。在合作机制方面,双方通过签订合同协议,明确产业园提供资金与场地支持,科研机构或种业企业则负责为产业园蔬菜种植研发选育优质新品种,并提供持续的技术指导。在利益与风险分配机制上,双方共享新品种应用带来的收益,同时共担新品种的研发风险。

为进一步促进蔬菜种子新品种种苗的规模化繁育,产业园与专业育苗企业合作共建蔬菜种苗繁育中心,重点培育高端蔬菜种子种苗,推广示范蔬菜新品种和新技术。在利益与风险分配机制方面,新品种应用收益由各方共享,种业中心承担种子研发及品质安全风险,繁育中心承担种苗繁育及品质风险。

(二)供应链中游合作内容及机制剖析

在"产业园+农产品企业+合作社+农户"的合作链条中,产业园首先与农产品企业达成合作,吸引企业入驻产业园开展蔬菜等农产品的种植生产。企业带动当地合作社及农户共同参与蔬菜种植生产活动,并通过明确的土地流转协议,促进土地流转,共同建设标准化、规模化的生产种植基地。

在监督约束机制方面,以农产品企业为主导,引入智能化生产设备,建立明确的质量标准体系和规章制度,监督和约束农户开展绿色化生产,确保蔬菜等农产品的品质。在利益与风险分配机制方面,构建"龙头企业+"的利益联结机制。企业、合作社和农户根据蔬菜产量及市场情况分配利润,并共同承担风险。

此外,通过吸引部分食品企业建设产地加工工厂,产业园与食品企业合作共建农产品加工园区。产地农产品直接运往食品加工厂,经过精深加工制成泡菜、调料等食品。

(三)供应链下游合作内容及机制剖析

交易中心通过与农产品供应商合作,吸引了产业园区内及全国各地的蔬菜供应商、批发商、物流企业等长期入驻,扩大了供货来源,并吸引了全国各地的大型连锁超市、零售商、食品企业等前来交易、合作。

在监督约束机制方面,交易中心对进入市场的农产品质量安全进行检验,对市场秩序进行统一监管,约束交易行为,避免无序竞争。

在信息资源共享机制方面,交易中心内的供应商、销售商、物流企业等主体将交易信息汇总至交易中心信息平台。交易中心利用物联网、大数据等信息技术,与各方合作建成了信息共享平台,各方可通过该平台查看农产品价格、供应与市场需求等信息。此外,天府蔬香现代农业产业园还通过举办"菜博会"等方式,促进园区智慧绿色农产品的销售推广,推动优质蔬菜产品的产销对接。

在监督约束机制方面,交易中心会对进入批发市场内的农产品质量安全进行检验,还对市场秩序进行统一监管,约束双方的交易行为以避免市场无序竞争行为的出现。在信息资源共享机制和方面,交易中心内各农产品供应商、销售商、物流企业等主体会将农产品交易信息汇报给交易中心信息平台,交易中心利用物联网、大数据等信息技术与各方合作共同建成了信息共享平台,各方可通过信息共享平台查看农产品价格、农产品供应与市场需求等信息。天府蔬香现代农业产业园还通过举办"菜博会"等方式促进园区智慧绿色农产品的销售推广,促进优质蔬菜产品的产销对接。

四、供应链合作机制效益剖析

(一)经济收益

提高生产效率与降低成本。产业园通过集聚形成规模化农业生产模式,与科研机构和专业农产品企业合作,降低了新技术在蔬菜种植中的应用成本。借助智慧农业技术,如物联网和大数据,产业园实现了精准监测和管理,减少了农药化肥的使用,确保了农产品的绿色品质,提升了市场价格,降低了资源浪费和生产成本。同时,智慧物联网技术的应用实现了信息共享和资源整合,高效匹配了农产品的市场产销需求,降低了物流和库存成本,提高了供应链效率。此外,产业园集聚带来的规模效益也提升了各主体的收益。

提高产业附加值。产业园与食品企业深度合作,建设产地农产品深加工工厂,将蔬菜加工成泡菜、干菜等产品,延长了产业链,增加了农产品附加值。

促进产业融合与区域经济发展。"产业园集聚"的智慧绿色农产品供应链合作机制,促进了农业与加工业、服务业等其他产业的深度融合,创造了更多的就业机会和经济增长点,带动了区域经济的繁荣与发展。

（二）社会效益

产业园的建设推动了当地的土地流转,农户可以获取土地流转收益与分红。此外,各类企业在产业园的集聚建设,也为当地农户创造了大量就业机会与岗位,通过企业的发展带动,农户通过参与农产品的生产、加工及销售环节,在当地实现了就业,促进了农民增收。

保障农产品质量安全。以产业园为核心的供应链建设了严格的农产品质量安全检测与追溯体系,保障了农产品质量安全。利用区块链技术对农产品进行全程追踪溯源,有效保障农产品品质。

（三）生态效益

产业园规模化的生产种植方式使得蔬菜种植减少了化肥、农药的投入。绿色生产技术与生产模式的应用减轻了农业生产对环境的污染、破坏程度,保护了生态环境,促进了农业的可持续发展。"农文旅"的融合发展,也促进了生态农业的发展。

第五节　以智慧农批市场为核心的智慧绿色农产品供应链

一、"智慧农批"——新泰模式

（一）新泰农批市场概况

山东省新泰市农副产品批发市场（下文简称"新泰农批市场"）是一个专业化的批发市场,涵盖农产品和农资全业态的智慧化交易物流平台及农批电商产业平台。批发市场内划分为蔬菜、水果、肉类交易区，分拣包装区，仓储冷链区，以及粮油干货和副食等配套商业区。2022年，新泰市农副产品批发市场的"智慧农批"项目正式上线。该项目由建设银行泰安分行等金融机构与新泰市人民政府共同打造[①]。

（二）智慧绿色农产品概况

在农产品的智慧化方面，新泰农批市场开展了农产品市场的信息化及智慧化建设。一方面，农批市场建成了新泰农批市场智慧管理平台系统，该系统通过交易品种、交易数量、交易价格、农产品产地和检验检疫结果等数据和信息的采集，构建大数据平台，形成完整的交易流通信息链条[②]。在农产品的绿色化方面，农批市场为保证农产品的绿色安全，在互联网技术的支持下，建设"源头＋物流"的智慧溯源系统，对农产品质量安全进行检验，并对检验结果进行分析，为食品安全监管提供科学依据。

（三）智慧绿色农产品供应链概况

新泰农批市场运用"互联网＋物联网＋信息"技术，与国内多个大型批发市场建立了合作关系，共同搭建面向全国的销售平台。该农批市场不断吸引当地种植养殖大户、农产品种植基地、合作社、农产品企业以及全国各地的批发商入驻。

新泰农批市场内每天都有来自新泰周边及全国各地的农产品运抵。进场的每批食用农产品都需经过抽样登记和快速检测，确认检测结果后在农批市场内公示，并上传至大数据溯源系统。同时，新泰农批市场吸引了全国各地的农产品采购商，包括大型超市、餐饮食堂、生鲜零售商等。买卖双方通过实名制电子交易，形成了货物来源可追溯、去向可查证、责任可追究的质量安全追溯链条。各参与主体在新泰农批市场内达成交易后，会将农产品在冷链云仓及分拣包装区进行处理，并通过专业物流运送至全国各地，最终由供应链下游的农产品销售商供应给终端消费者。新泰农批市场智慧绿色农产品供应链模式如图6－5所示。

[①] 新泰市人民政府：《新泰市商务局有关负责同志解读新泰农副产品批发市场启用相关情况》，http://www.xintai.gov.cn/art/2022/7/7/art_173227_10305343.html。

[②] 何振、马敏、周玉芹、郭香：《新泰农批商场：打造智慧农批 助力农贸市场管理高效化》，https://sdxw.iqilu.com/share/YS0yMS0xMzU4MDAxNQ.html。

第六章　国内智慧绿色农产品供应链合作机制案例研究

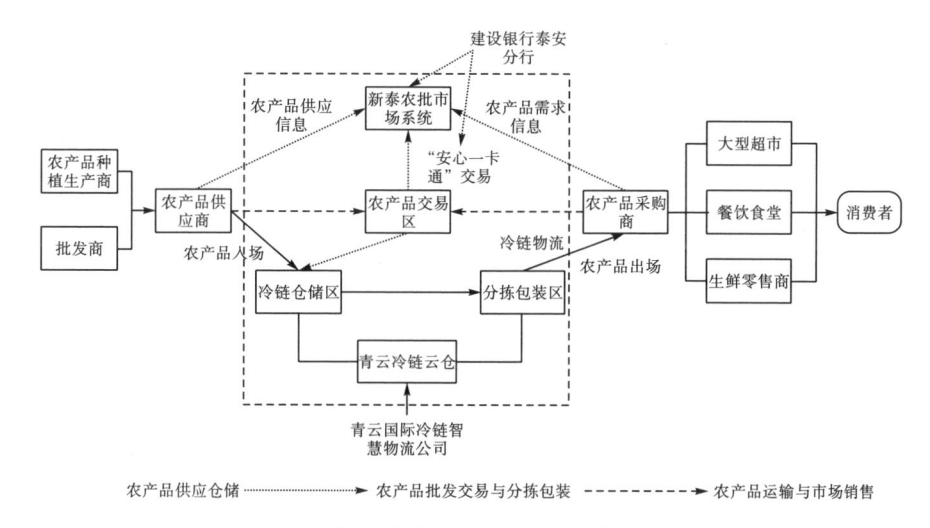

图6-5　新泰农批市场智慧绿色农产品供应链

二、供应链运作流程剖析

新泰农批市场供应链发展模式以农产品批发市场为核心，通过互联网等智慧信息技术的应用，将农产品生产供应商与采购商有机连接起来，为供销双方提供了农产品交易及信息交流的平台。

（一）供应链上游：农产品供应仓储

新泰农批市场吸引了来自新泰周边及全国各地的农产品种植生产商与批发商入驻，数量庞大的农产品供应商保证了农批市场农产品稳定的供应源与农产品品类的多样化。批发市场周边的种植户、合作社以及来自全国各地的农产品种植生产企业、批发商等将农产品统一运往批发市场。进入批发市场的农产品需经过统一报备与农产品质量安全检验，以确保农产品的绿色安全。进入批发市场内的农产品会被储藏在仓储冷链区内，进行统一、规范的仓储管理。

（二）供应链中游：农产品批发交易与分拣包装

农产品供应商与批发商长期入驻批发市场，吸引了大型超市、餐饮食堂以及零售商等前来采购农产品。他们通过智慧农批市场的大数据平台了解市场价格及供应信息，并通过大数据实现产销订单匹配。商户达成交易订单后，在批发市场的冷链区完成对农产品的分拣包装，随后通过冷链物流将农产品运往全国各地。

（三）供应链下游：农产品运输与销售

农产品完成分拣包装后，在物流片区装车，由专业物流公司运往全国各地。批发市场通过打造数字平台，与各物流企业合作构建智慧物流体系，提升物流运输效率。这些农产品将被运给全国各地的农产品采购商，最终由采购商供应给终端消费者。

三、供应链合作内容及机制剖析

"智慧农批"农产品供应链发展模式以农产品批发市场为核心，通过批发市场将上游农产品生产商与下游农产品采购商等主体联系在一起。来自全国各地的农产品在批发市场内集散，实现线上线下交易。

在供应链上游，农批市场与农产品供应商、批发商等展开合作，确保市场内农产品的稳定供应与品类丰富；在供应链中游，农批市场与银行、软件企业等合作开发智慧农批系统，并与其他批发市场共享交易价格信息；在供应链下游，农批市场与物流运输企业、农产品采购商等合作，推动农产品高效供应至终端消费者。

（一）供应链上游合作内容及机制剖析

新泰农批市场与周边及全国的种植户、生产商、批发商建立合作关系，一方面为其提供固定商铺位和市场信息服务，另一方面要求合作方保障农产品供应的稳定性、多样性和安全性，并接受农批市场统一管理。在合作机制方面，各方通过契约明确权责，农批市场作为核心协调主体，统一管理供应链运作；通过协议约束、质量检测和大数据溯源体系，监督供应商行为；依托信息平台实现供应链数据共享；在利益分配上，供应商需支付场地使用和冷链仓储费用，各方共担风险并按约定划分收益。

该模式构建了完善的治理体系：契约机制以合同形式规范合作内容，协调机制依托批发市场统筹各方运营，监督机制通过协议约束、质量检验和溯源技术确保产品安全，信息机制实现供应链数据透明共享，风险共担与利益分配机制明确各方责任与收益。这些机制共同保障了农产品供应的稳定性、安全性和运作效率，形成了可持续发展的供应链生态。

（二）供应链中游合作内容及机制剖析

新泰农批市场与合作伙伴共同建设数字化管理平台，将农批市场打造为智慧农批市场。买卖双方在批发市场内达成农产品供销合作。在协调机制方面，供应链各方通过数字化管理平台和批发市场的协调作用，有效促成买卖双方的对接，规范市场商户与采购商的合作行为。在监督约束机制方面，农批市场作为交易场所，对买卖双方的交易行为进行监督管理，并借助智慧管理平台和农产品溯源系统实行实名制交易，有效规范市场交易行为。在信息资源共享机制方面，新泰农批市场通过与其他专业批发市场合作，实现全国农产品平均交易价格的实时更新与共享。

（三）供应链下游合作内容及机制剖析

新泰农批市场与冷链物流公司合作建设的冷链仓库，通过整合国内冷链物流资源，为客户提供集配送、售后及数据化分析于一体的一站式供应链服务。在信息资源共享机制方面：农产品采购商向农批市场共享需求信息，农批市场则通过数字化管理平台向采购商提供农产品价格、供应等信息；在与物流企业的合作中，农批市场引导物流企业运用新技术构建智慧物流体系和智能管理平台，实现车辆、物流等信息的全链条共享。

四、供应链合作机制效益剖析

（一）经济效益

降低农产品流通成本。新泰农批市场作为农产品交易中心和信息集散地，通过减少中间流通环节，实现农产品从产地直接对接下游销售商，有效降低了流通成本。农批市场建立的大数据平台优化了供需匹配效率，降低了供应链各环节的信息搜寻成本。电子结算系统加速了资金流转，缩短了资金回笼周期，商户与采购商无须耗费大量时间进行账目核对，显著节约了人力与时间成本。这些措施有效降低了整体交易成本，提升了农产品供销双方的经济效益。

促进区域产业协同发展。新泰市人民政府联合各方共建的智慧农批市场，将新泰市打造成为区域性农产品交易枢纽，带动了物流运输、农产品加工等上下游关联产业发展。通过数字化赋能加速农产品流通效率，为全市经济发展注入了新动能。

（二）社会效益

促进就业增长。新泰农批市场的运营有效带动了当地就业市场发展：一方面，农批市场通过拓宽周边农产品生产商的销售渠道，促进其扩大生产规模，直接创造大量就业机会；另一方面，农批市场自身的建设、运营及配套的物流运输等关联产业也产生了显著的就业拉动效应。

保障农产品品质安全。新泰农批市场通过双重机制确保农产品质量：一是建立严格的入场检测制度和全程溯源系统，倒逼供应商提升产品绿色品质；二是运用智能化的冷链仓储与运输体系，显著降低生鲜农产品在储运环节的损耗率，从根本上减少食品安全风险隐患。

（三）生态效益

推动农业绿色可持续发展。新泰农批市场通过建立严格的农产品准入标准，有效引导和激励生产商采用绿色种植技术，减少农药、化肥使用量，从而降低农业生产对生态环境的负面影响，促进农业绿色转型。

减少资源浪费。新泰农批市场通过精简农产品流通环节，整合优化仓储运输资源，实现规模化运营，显著提高了资源利用效率，有效减少了各环节的资源损耗。

第六节　以电商平台及区块链技术为核心的智慧绿色农产品供应链

一、"电商＋区块链驱动"——京东模式

（一）企业概况

京东是一家自营式电商企业，企业定位为"以供应链为基础的技术与服务企业"，目前该企业业务已涉及零售、科技、物流、健康、产发、工业、自有品牌、保险和国际等领域。作为同时具备实体企业基因和属性、拥有数字技术和能力的新型实体企业，京东依托"有责任的供应链"，持续推进"链网融合"，实现了货网、仓网、云网的"三网通"，带动产业链上下游合作伙伴数字化转型和降本增效，更好服务实体经济发展。

（二）智慧绿色农产品概况

作为一家互联网科技及自营式电商企业，京东致力于利用科技优势不断提高农产品供应链整个环节的智慧化、绿色化程度，通过科技助农、严格的品质

把控、区块链溯源及物流体系等为消费者持续提供绿色农产品。

在农产品的智慧化方面，京东利用电商及科技优势帮助农产品供应商提高其农产品生产、销售全流程的智慧化程度。在生产端，京东利用其大数据、云计算等先进技术，精准分析市场需求，为农户提供定制化生产建议[①]；京东农业科技板块通过引入物联网、大数据、人工智能等先进技术，帮助农产品产业实现数字化。在市场销售及物流端，京东助力农户利用其电商平台进行销售，并引入京东直播等渠道实现线上数字化营销，通过京东智慧化物流体系将农产品配送到消费者手中[②]。

京东还通过智慧化来促进农产品的绿色化。如与合作社或农户合作，共建京东农场或科技示范基地，通过在田间地头实施数字化管理，规范种植流程，从而确保农产品品质；借助京东区块链技术优势，建立区块链农产品溯源体系及基于区块链和物联网技术的智慧农场，实现农产品从源头生产到后续销售流通全环节的追踪溯源，进一步提高了农产品的智慧化、绿色化程度。

（三）智慧绿色农产品供应链概况

"电商+区块链驱动"智慧绿色农产品供应链模式以京东为核心，连接农产品供应端与需求端，通过与供应链上各方的紧密合作，推动智慧绿色农产品的流通。作为一家电商及互联网科技企业，京东搭建了面向全国的电商平台，通过与政府、农户、合作社等农产品生产供应商的广泛合作，确保供应链上智慧绿色农产品的多样化、稳定供应。

京东电商平台上智慧绿色农产品的供应来源主要包括两方面：其一是京东自营农产品，如包括京东超市在内的各农产品京东自营旗舰店，通过自主采购获取智慧绿色农产品；其二，部分农产品供应商入驻京东电商平台，开设绿色农产品经营店铺，通过电商平台直接销售。依托京东全国电商平台的优势，供应链的农产品主要通过电商平台销售，并借助农产品店铺、直播带货、短视频宣传等形式吸引消费购买农产品。京东建有完善的物流体系及农产品仓储设施，在多地建有农产品仓库及生鲜物流配送基地，可有效提高农产品的流通速度和供应链的响应性。

区块链技术的应用进一步驱动了京东智慧绿色农产品供应链的发展。智慧

---

① 《15亿补贴+科技助农，京东农特节以数智化供应链点亮乡村振兴之路》，https://www.163.com/dy/article/JCI72FL305328VPM.html。

② 《京东云助农"321模式"，解开乡村"有生意、无生态"症结》，https://finance.jrj.com.cn/2023/09/21141537891249.shtml。

绿色农产品供应链通过融入区块链技术，记录了农产品从生产端到消费端全流程信息，实现了"一物一码"，消费者通过扫码可查看农产品的所有信息，这种生产信息的公开透明不仅提高了农产品的智慧化、绿色化程度，还提高了农产品供应链的运行效率。京东"电商+区块链驱动"智慧绿色农产品供应链模式如图6-6所示。

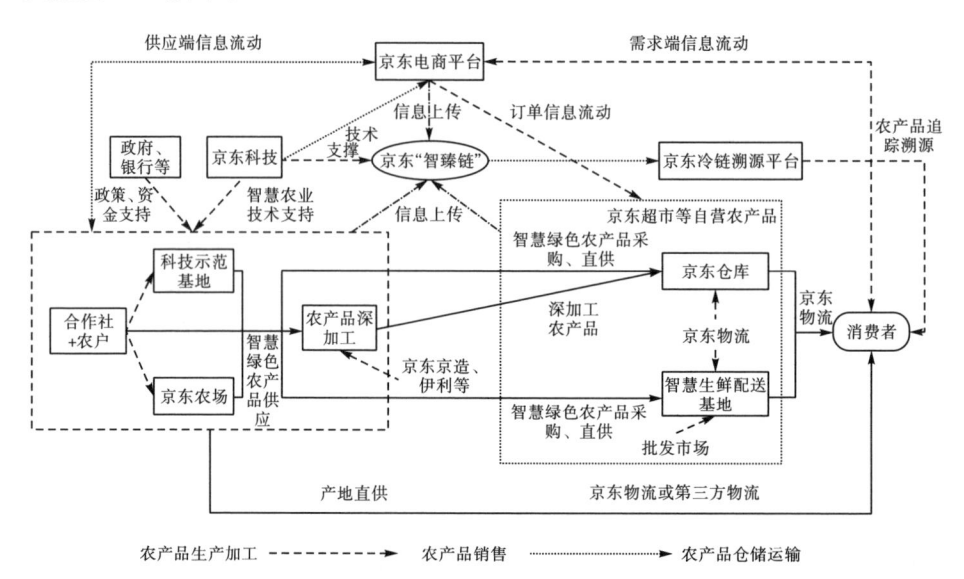

图6-6 京东"电商+区块链驱动"智慧绿色农产品供应链

二、供应链运作流程剖析

京东"电商+区块链"智慧绿色农产品供应链模式以京东电商平台为核心，构建覆盖全国的农产品供应网络。该模式依托京东电商平台及自有物流体系，整合区块链、物联网等数字技术，打造了贯穿农产品生产、加工、销售、配送全流程的智慧化供应链体系，显著提升了农产品品质管控水平和供应链运行效率。

（一）供应链上游与中游：农产品生产加工

农产品生产供应。为确保消费者能够从京东电商平台上购买品种丰富、品质优秀的智慧绿色农产品，京东积极拓展农产品的供应来源，从全国范围内寻找优质农产品供应商。京东构建了以京东超市为代表的农产品自营体系，并吸引大量优质农产品供应商在平台上开设店铺、自主经营，"自营+商家"的体系共同促成了该供应链上智慧绿色农产品的稳定供应。

在京东自营农产品经营体系中，京东主要通过直接采购、"农户＋合作社"直供、京东农场直供等渠道获取优质农产品，还会与部分特色农产品产地政府、合作社及农户开展长期农产品供应合作。在部分农产品的种植生产过程中，京东利用信息科技及电商平台优势并联合政府、银行等主体为农产品生产者提供技术、政策及资金等支持，并通过区块链技术打造农产品溯源体系。

农产品加工。部分农产品从农地收获后，被统一运往产地加工厂进行清洗、分拣、包装等，根据农产品质量标准体系，分为不同等级进行分级销售。还有农产品被送往食品加工企业进行精深加工，直接制成食品，进一步提高了农产品的附加值。

（二）供应链下游：农产品销售与运输

智慧绿色农产品主要通过电商平台线上销售，消费者在线下单，商家确认后形成农产品订单，实现面向全国的销售。线上农产品销售策略主要包含以下几种形式：商家将农产品供应信息发布在电商平台上，消费者通过浏览电商平台上的农产品信息，下单购买农产品；通过预售等形式，在农产品尚未收获前便开启售卖，方便农户组织生产；通过电商助农、直播带货、拍摄短视频等形式进一步向消费者宣传智慧绿色农产品，吸引消费者下单；通过举办各种促销活动，给予商家或消费者一定的优惠，如降低农产品价格，促进绿色农产品的销售。

农产品仓储。为保证绿色农产品的品质及有效管理、降低损耗，京东在全国各地建有农产品智慧冷链仓库，利用物联网等信息技术对仓库内农产品进行统一的信息录入与高效管理，有效保证农产品品质、降低库存损耗（谢美娥等，2021）。京东还依托大型批发市场建设了智慧生鲜配送中心，集农产品仓储、物流配送等功能为一体。

农产品运输。京东在全国范围内建有完整的物流体系，能够实现农产品的快速运输。消费者在平台上下单后，商家通过产地直发及京东仓发货两种形式发货，再由京东物流将农产品配送到消费者手中。依托于京东产地及市场两地仓库的同时布局，部分智慧绿色农产品可实现"当日达"或"次日达"。

三、供应链合作机制内容剖析

"电商＋区块链驱动"的智慧绿色农产品供应链模式搭建了农产品供应商与消费者间的线上交易平台，并通过区块链技术驱动农产品的绿色化发展。以京东电商平台及京东旗下各板块业务为核心，供应链上各主体紧密合作，共同促进了智慧绿色农产品供应链的稳定、高效运作。

（一）供应链上游合作内容及机制剖析

京东供应链上游合作的主要目标是推动农产品智慧化、绿色化生产以及保障农产品稳定供应。为确保获得稳定的农产品供应来源并有效管控产品品质，京东超市等自营渠道除实施产地直采外，还与农户、合作社等开展合作，通过订单农业模式采购农产品。京东为农产品生产提供全方位支持并参与种植过程，供应商按照京东制定的质量标准进行农业生产，收获后的农产品直接供应至京东超市等自营渠道，进入京东仓储体系或通过京东商城实现产地直发销售。依托自身科技优势，京东为合作农户提供数字化技术支持，助力其建设数字化农场。

京东还联合银行等金融机构为农产品生产提供资金支持。在契约保障机制方面，京东超市及食品加工企业通过订单农业的方式采购农产品，以订单合同为基础，明确契约条款，为合作奠定基础。

在协调机制方面，京东作为各方合作的中心协调者，负责统一协调各利益相关方的合作行为。在监督约束机制方面，京东联合供应链上其他主体为农产品生产活动提供全方位支持，并参与农产品生产过程，监督约束农户的生产行为，管控农产品品质。同时，京东超市及食品加工企业等的订单中也明确规定了农产品的品质标准，以此约束农产品生产行为。

在激励机制方面，京东超市及食品加工企业等通过评估当期农产品的市场销售情况及品质表现，根据评估结果调整下一期的农产品订单量，对品质更优、市场销售情况更好的农产品会增加采购订单，以此激励农户持续生产更优质的绿色农产品。

在信息资源共享机制方面，京东通过加大数字信息技术投入，有效实现了各方之间的信息资源共享。农产品供应商将生产信息共享给银行等金融机构以及京东超市等，用于申请低息贷款；京东超市则根据这些信息调整市场销售计划；同时，京东也会将技术、市场等信息共享给农产品供应商，为其提供定制化的生产建议。

在风险分担机制方面，各利益主体通过共同参与有效分担了供应链发展风险。例如，京东的参与分担了银行等金融机构的不良贷款风险；而京东与农产品供应商建立的稳定长期合作关系，则有效降低了京东的农产品供应风险以及农产品供应商的市场销售风险。

（二）供应链中下游合作内容及机制剖析

供应链中下游合作的主要目的是促进农产品销售，并确保消费者下单后能够及时、快速地收到农产品。在农产品销售环节，京东与政府、农户及合作社等开展合作，推动农产品销售：一方面通过直播带货等形式对农产品进行推广；另一方面与农产品供应商合作打造线上线下联动的年货节、农特产节等活动，通过补贴促使供应商降低农产品价格，吸引更多消费者在京东平台购买。

在仓储及物流配送环节，京东不仅与当地政府合作建设产地智慧仓库，还与大型农产品批发市场合作建立综合性生鲜配送中心，利用产地优势快速配送生鲜产品。同时，京东物流还与其他物流企业合作，进一步提升配送效率。

在中下游合作中，部分地方政府作为第三方参与，有效监督和约束各方履行合作义务。京东作为平台方全程监督交易行为，并通过黑名单、罚款等措施规范供应商和消费者行为。

在激励机制方面，京东采取多种方式鼓励商家提供价格优惠且品质优良的农产品。在信息共享方面，京东利用平台大数据分析市场需求，指导供应商按需生产备货，并为消费者精准推荐商品。此外，京东在与大型批发市场及其他物流企业的合作中，实现了信息资源的有效共享。

（三）区块链技术作用于供应链合作机制的内容剖析

京东积极将区块链技术融入智慧绿色农产品供应链，以区块链技术驱动农产品供应链发展。京东与合作伙伴共同打造基于区块链技术的农产品溯源体系，将农产品生产、销售及流通等信息上传至区块链云平台，消费者可通过扫码查询农产品全供应链的详细信息。

区块链技术的应用进一步完善了供应链合作机制。如区块链技术构建的农产品溯源体系，全程记录了农产品生产流通信息，且信息不可篡改，能够实现农产品快速追踪溯源，从而有效监督各方行为。在信息资源共享机制方面，区块链技术设备记录农产品信息并上传至区块链云平台，供应链各利益相关方均可通过该平台获取信息，实现信息资源的共享流通。

在利益与风险分配机制方面，农产品各环节信息（包括生长、仓储、物流运输等）均被统一记录在区块链中。若农产品出现问题，通过溯源可精准定位问题环节，实现精准问责，明确风险分配，降低供应链其他主体的风险。

四、供应链合作机制效益剖析

（一）经济效益

1. 降低供应链成本，增加供应链收益

京东与农产品供应商的合作实现了产地直发模式，有效减少了农产品流通的中间环节，显著降低了供应成本。通过与京东物流的稳定合作，规模化运输需求使得农产品物流成本明显优化。在技术应用方面，通过运用区块链追溯系统，在商品上附加追溯码，实现了农产品的全流程节点监控，既确保了产品质量，又避免了额外的封仓检验环节，从而提升了商品流通效率并降低了运营成本。

基于区块链上不可篡改的生产、交易和信用数据，金融机构能够更精准地评估供应链各主体的信用状况，为其提供利率更优惠的融资服务，有效降低了整体融资成本。通过供应链各方的紧密协作和区块链技术的深度应用，智慧绿色农产品供应链在各个环节都实现了显著的成本优化。

2. 优化产业结构，推动"三产"融合

京东"电商+区块链驱动"的农产品供应链模式有效推动了传统农业向数字化、智能化和绿色化转型。在该供应链模式下，农户、合作社等农产品供应商更加注重提升农产品品质和实施标准化生产流程。依托京东科技的支持，生产主体引入了先进的农业技术和管理经验，显著提高了农业生产效率和资源利用效率，从而推动了农业产业结构的优化升级，培育出更具市场竞争力的农业产业集群，提升了整个农业产业的经济效益和竞争力。

此外，该模式通过将农业生产、加工、销售等环节与仓储物流、金融服务等配套产业紧密结合，实现了第一产业、第二产业和第三产业的深度融合发展。

（二）社会效益

1. 提高农产品品质

在京东商城平台上，以京东超市等农产品自营旗舰店为代表的商家在生产、采购农产品时，为满足消费者对高品质农产品的需求，从农产品供应源头就注重品质把控，通过建立严格的标准体系并投入大量智慧化、绿色化农业技术，持续提升农产品品质。

2. 带动农户增收致富

京东旗下京东超市等自营农产品旗舰店与农户、合作社等保持稳定合作关系，在为农户提供技术支持的同时，通过直接收购农产品的方式，既保障了农户收入的稳定增长，又有效降低了市场价格波动带来的收入风险。同时，京东依托全国性电商平台优势，帮助农户拓展农产品销售渠道。

3. 助力乡村振兴

京东"电商＋区块链"农产品供应链模式为农村地区乡村振兴注入了"科技动力"，有效促进了数字乡村建设。该供应链模式通过整合资源、优化产业布局和提升产业效率，推动农村经济与农业现代化发展。

（三）生态效益

促进农业绿色发展。京东通过建立农产品质量标准体系并提供数字化、绿色化农业生产技术支持，有效引导农业生产向绿色可持续方向转型，显著降低了农业生产对生态环境的影响。

实现资源高效利用与低碳减排。京东与供应链各合作伙伴协同推进区块链技术在智慧农业供应链中的应用，不仅提升了农产品供应链的绿色化水平和流通效率，更大幅减少了供应和流通环节的资源消耗与碳排放。

第七章　智慧绿色农产品供应链合作机制效益分析

第一节　经济效益分析

一、供应链资源利用效率提升

智慧绿色农产品供应链合作机制通过对人力、物力和财力等多种资源的整合利用和高效分配，显著提高了供应链的总体运作效率，对整个产业链的效益产生了积极影响。

（一）人力资源

在人力资源管理方面，供应链合作机制通过信息共享、技术共享和业务指导等方式，能够有效降低供应链成员之间由信息不对称造成的负面影响，优化人力资源配置并提升人员专业素质与技能水平。在智能绿色农产品供应链合作机制中，人力资源管理的创新实践主要集中于以下关键领域。

人力资源优化配置方面：针对市场需求的不确定性和人力资源约束条件，采用非线性规划模型与自适应蚁群算法实现供应链的优化配置。在智慧绿色农产品供应链建设中，应当充分运用先进算法与技术手段来优化人力资源配置，以应对市场需求的波动性（聂笃宪等，2023）。

人力资源培训体系建设方面：需要建立科学完善的人力资源培训和激励体系，以满足智慧农产品供应链发展需求。智能绿色农产品供应链相关企业应当构建系统的员工培训体系、规范的人才招聘机制、公正的绩效评估制度以及有效的人才激励方案，从而更好地应对行业挑战，实现可持续发展（何甜和刘志伟，2011）。

互联网技术应用方面：在推进智能绿色农产品供应链发展过程中，企业应当加强互联网专业人才的培养与梯队建设，同时积极促进互联网技术在生产经营和市场营销领域的深度应用，以提升整体运营效率和市场竞争力（刘助忠和龚荷英，2015）。

（二）物流资源

供应链合作机制对物流资源利用效率的提升效果显著。通过数字化和信息化平台的协同合作，能够显著提高物流配送效率，同时降低物流损耗和资源浪费。例如，物联网技术在供应链中的集成应用可以大幅提升对仓储、分拣、配送等环节的监控水平，从而降低物流成本并提高物流效率（姜新荣，2017）。智慧物流相关技术的整合应用能有效提升物流系统运行效能（施云清和余朋林，2022）。

信息平台和物联网技术在农产品供应链中的协同应用，主要通过以下方面提高物流效率并减少资源浪费。

实时监控与数据采集：物联网技术通过部署在农产品上的传感器和RFID标签等设备，实时采集和传输农产品状态信息，包括温度、湿度和位置等关键数据（韩俊德和杜其光，2015）。实时数据的获取实现了物流全流程的精准监控，便于及时调整物流策略，降低农产品损耗。

配送路径优化：借助物联网技术和信息共享平台，可以构建基于多目标优化的配送路径模型，综合考虑客户满意度和配送成本等因素，优化运输路线，减少不必要的运输距离和时间，有效控制物流成本（李昌兵等，2017）。

全程追溯系统：物联网技术支持建立覆盖全链条的追溯信息系统，完整记录农产品从生产、加工到运输、销售各环节的数据（陈祢等，2020），显著提升食品安全和质量管控能力。

智能化管理与决策支持：通过信息平台和物联网技术整合供应链各类数据，为管理决策提供实时支持。例如，分析销售数据和库存状况，可以预测市场需求，科学安排生产和配送计划，避免库存积压（黄筱等，2020）。

智能绿色农产品供应链合作机制能够优化人力资源、物流资源等要素配置，提高供应链整体资源利用效率，创造更多的供应链价值，对相关主体及产业链效益产生积极促进作用。

二、产品流通效率提升

供应链各环节的深度协同将整个系统整合为高度智能化的合作联盟，显著提升了农产品流通效率。在传统的农产品生产模式中，从种植到消费的整个流程存在运作环节烦琐、信息沟通不畅等问题。通过建立高效的供应链协同机制，企业能够实现信息互通和资源共享，加快流通速度，降低流通成本，提升整体流通效率，增强了供应链的盈利水平。以 RFID 技术在蔬菜供应链中的应用为例，该技术不仅提高了识别效率和准确度，还促进了各环节的信息沟通（袁胜军等，2005），有效保障了产品安全和流通效率。

智慧绿色农产品供应链合作机制主要从以下方面提升农产品供应链的流通效率。

降低供需信息不对称：通过区块链、物联网等技术的协同应用，供应链合作有效消除了供应商与消费者之间的信息壁垒，构建起智能化的直接联系通道，提高了市场透明度和响应速度（杨敏和周耀烈，2011）。

提升市场响应能力：信息协同使农产品供应链更具灵活性和应变能力，当市场环境或消费需求发生变化时，各环节能够快速调整策略以适应新形势。

优化物流监测效能：物联网技术的应用实现了对运输、仓储、配送等关键环节的实时监控，确保温度、湿度等核心指标始终处于最佳状态，从而减少损耗并提升物流效率（张小蓉和赵敏，2015）。

构建一体化智慧物流体系：通过整合供应链各关键环节的协同合作，形成高度统一的智能化物流联盟。这种创新模式不仅显著增强了农业服务的功能性和效率，同时降低了整体物流成本，提升了农产品的市场价值。

三、技术创新加快

近年来，智慧绿色农产品供应链合作机制对专利申请增长的促进作用日益凸显。该机制通过知识共享、技术创新和协同决策等方式，有效推动了专利申请数量的提升。研究表明，这种合作不仅促进了农产品相关专利的申请，还涵盖了设备改进和工艺创新等技术领域（孙艺伟等，2021）。同时，该机制显著激励了企业在环保技术方面的创新活动（华连连等，2021）。数据显示，过去五年参与该合作机制的企业年均专利申请量实现显著增长。通过联合申请专利，企业不仅更好地保护了创新成果，还提升了专利质量。此外，供应链中的信息共享和协同决策机制也加速了技术创新的推广和应用。

智慧绿色供应链合作平台不仅促进了知识技术的交流，还营造了激励创新和良性竞争的环境。这种氛围有助于激发创新思维，加快新型农产品的市场化进程（杨维霞和贾县民，2021）。创新合作不仅推动了绿色供应链的整合，还提升了外部管理效率，从而降低了企业绿色创新成本（潘海岚和黄婷，2024）。持续强化这一合作机制，将有力促进智慧绿色农产品供应链的可持续发展和经济效益提升。

四、农产品价值提升

智慧绿色农产品供应链合作机制通过在全供应链应用科学管理方法和推广绿色智能技术，不仅改善了种植养殖环境，还显著提升了农产品产量和品质。在供应链上游环节，通过优化种苗选择、改良种植技术，并结合物联网、大数据等信息技术手段，有效缩短作物生长周期、扩大种植规模，从而实现农作物产量的大幅提升。在整个供应链流程中，智能化检测控制技术的全程应用确保了从生产源头到终端消费各环节的严格质量管控，提高了产品的绿色品质，增强了其市场竞争力。

智慧农业运用物联网技术实现农产品全流程高效互联，能够实时监测分析生产加工各环节，使供应链各主体能够持续跟踪管理农作物的生长和生产过程（邓湘等，2019）。智慧技术强大的数据采集分析能力帮助农户更精准地实施田间管理，及时调整灌溉施肥等农事操作，从而最大化农作物产量。智能化农业设备的应用不仅缓解了劳动力短缺问题，还减少了化肥农药使用量，有效降低了环境污染和土壤退化风险（施连敏等，2013）。

智慧绿色农产品供应链合作机制从以下几个方面提升了农产品的产量和品质。

精准农业生产，促进增产增收：智慧技术在上游环节的应用将生态保护与生产发展有机结合，通过精细化生产流程、精准土壤检测、科学配方施肥和智能节水灌溉等措施，推动农业向优质高产方向发展（李欣泽等，2021）。

物联网与自动化技术应用合作：通过物联网技术将传感器数据实时传输至中央处理系统或云平台，实现数据的存储管理和智能分析。例如，结合自动控制技术和嵌入式系统，实现对农场环境参数如温度、光照和湿度等关键指标的自动调节，满足作物多样化生长需求，同时通过远程监控和数据传输功能，促进农产品品质提升。

人工智能与可视化管理合作：运用大数据技术和人工智能算法对采集数据进行深度分析，提供科学管理建议。

第二节 社会效益分析

一、促进农业产业发展和增加就业岗位

（一）促进农业产业发展

供应链合作机制的优化对推动农业产业化和现代化发展具有重要作用。通过整合上下游资源构建一体化供应链模式，能够有效降低农业生产风险，保障农产品稳定供应，并确保产品质量安全。同时，该机制还能通过技术创新和管理优化提升农业产业整体竞争力。

首先，智慧绿色农产品供应链合作机制的建立使上游企业能够精准把握消费需求，培育快速响应能力，使企业不断优化目标并持续提升服务水平（王小叶，2011）。其次，供应链一体化理念的应用促进了农产品物流的集成化管理，构建起供应链一体化的农产品物流模式，推动生产与流通环节的有机融合，实现农业流通模式升级。最后，供应链合作机制还加速了农业与第二、三产业的协同发展，通过引入新技术、新模式，带动产业智慧化转型和高质量发展。

（二）增加就业岗位

智慧绿色农产品供应链合作机制有效促进了相关产业发展，为城乡居民创造了更多就业机会。该机制通过供应链各主体协同发展和应用物联网、大数据、云计算等新兴信息技术，在农产品供应链领域催生了大量新型就业岗位。以北京市智慧农业综合服务平台为例，其运用云计算、物联网和大数据技术构建的农场智能化管理系统，不仅优化了农业生产流程，还创造了数据分析师、设备维护专员等新型职业需求。

智慧绿色农产品供应链合作策略的实施，实现了上下游产业链的高效整合。在供应链各环节中，各主体通过资源共享、技术协作和平台共建，对支撑智慧化工作流程和优化合作体系的专业人才提出了更大需求。特别是在农产品供应与销售环节，电子商务平台的应用拓展了涉农就业市场，培育出网络营销专员、物流配送专家等新型职业岗位。

二、农产品质量安全保障

智慧绿色供应链合作机制的建立实现了农产品从生产源头到终端市场的全

程质量管控。该机制通过制定统一的农业生产标准与操作规程，并应用遥感监测、物联网传感器等先进信息技术，对农产品生产基地环境实施全方位监管，确保农业生产环境安全，从源头预防农产品污染（孙继成等，2014）。农产品的采后处理环节严格执行包括分拣、清洗、预冷等在内的标准化作业流程。在运输过程中，运用先进的监测技术对农产品进行全程追踪，防止储运环境不当导致品质劣变（赵长青等，2010）。通过全供应链应用的农产品安全追溯系统（罗雪桃，2019），有效保障农产品质量安全，维护消费者健康权益。

三、农民收入增加

智慧绿色农产品供应链合作机制显著提高了农民收入水平。这一创新模式主要通过优化农业生产流程、降低生产经营成本以及提升产品市场溢价来实现增收目标。

首先，智慧绿色农产品供应链合作机制依托物联网和区块链等先进网络技术，提升供应链效益。物联网技术通过实时监测与数据采集，大幅提高了供应链透明度与运作效率。农产品追溯平台确保数据不可篡改，显著提升信息追溯效率。农业云图大数据系统、水肥一体化及智能喷灌物联网系统等技术的应用，有效提高了供应链整体运行效率与经济收益。区块链技术凭借其去中心化、分布式账本和溯源防伪等特性，既增强了消费者信任度，又保障了农民在供应链中的合理收益。

其次，供应链合作机制为农民创造了更公平透明的定价环境。一方面降低了信息不对称带来的市场风险，另一方面为优质农产品赢得了溢价空间。农民在收益分配中获得更多话语权，通过与零售商和加工商的紧密合作，提升了价格谈判地位，实现收入增长（牟宗玉等，2024）。同时，供应链合作机制拉近了农民与市场的距离，使其能够根据实时市场信息调整生产计划。

最后，智慧绿色农产品供应链机制不仅变革了农业生产销售模式，更强化了农业与市场的协同关系。该机制帮助小规模个体农户有效融入大市场流通体系，实现了农民与市场的互利共赢（李惠，2020）。

第三节 生态效益分析

一、推动农业绿色生产

（一）减少农药施用

智慧绿色农产品供应链合作机制通过严格的农药使用标准，推动了环境保护。传统化学农药通常会对生物多样性产生负面影响，而智慧绿色供应链提倡在生产中采用科学管理方法和生物技术，最大限度地减少对化学品的依赖，维护生态平衡。供应链借助遥感监测等先进技术，能够精准预测农作物病虫害发生概率和范围，使用最小剂量的高效生物降解农药，并优先选择在土壤和水环境中具有快速降解特性的新型农药品种。在这一合作框架下，各环节对农产品的绿色要求显著降低了农业生产对生态环境的影响，提升了供应链整体环境效益（施晟，2012）。

绿色物流系统的可持续性在很大程度上取决于包装材料的选择。智慧绿色系统优先采用可生物降解包装材料和可循环利用的环保方案。为强化环保措施并提升系统可持续性，供应链成员建立了封闭式的废弃物处理系统，对废弃食品包装进行回收利用或拆解处理。这些回收再利用流程由专门的供应链合作项目提供支持，不仅大幅减少了非生物降解废物的产生，还能将废弃物转化为有价值的资源，实现循环经济目标。

供应链的组织管理将生产与控制环节紧密结合，通过对各信息端的精细化管理，有效引导农药行业向绿色方向发展。在农产品供应链运作中，质量检测、农业教育培训、合作组织支持、市场质量要求以及品牌建设等多重因素，都对农药使用量产生显著影响。随着供应链组织架构的完善和合作关系的深化，各环节对生产端的绿色约束将更加严格，从而进一步提高减少化学农药使用的可能性。

（二）全产业链绿色技术应用

智慧绿色农产品供应链的合作模式有效促进了绿色技术的推广应用。通过信息共享机制，供应链各参与方能够及时获取最新的环保技术信息，可对技术的广泛传播和实施产生积极影响。同时，高附加值绿色农产品的生产可为上游供应商带来可观收益，进一步激励其采用绿色技术。为持续推动绿色技术应用，供应链参与方可开展联合技术研发，共同提升农产品环保标准，并通过合作协议实现利益合理分配。这一合作机制不仅提升了供应链整体效益，还加速了绿色技术普及，有力推动了农业绿色发展。

二、生态恢复与保护

（一）提高土壤肥力

智慧绿色农产品供应链的合作机制通过科学施肥、有机物归还以及生物多样性维护等方式显著提升了土壤肥力。首先，科学施肥在保证作物生产量的同时减少了化学品的使用，从而减少了土壤中营养失衡的问题，并使土壤长期保持生产力和生态平衡。例如，有机与无机肥配合施用不仅提高了水稻产量，还增强了土壤氮、磷和钾养分库的积累（周卫军等，2002）；有机物质如残留作物秸秆和粪肥的再回归，促进了土壤内部的物质转换循环；有机种植体系下的肥料调控不仅显著增加了作物产量，还增强了土壤中微生物量和土壤酶的活性，从而改善了土壤养分供给水平。

（二）维护生态环境

通过共同采纳环境友好的生产和加工方法、减少化学物质的使用、降低碳的排放以及避免水资源的不必要浪费，智慧绿色农产品供应链的合作机制不仅可确保资源的高效使用，还可显著降低农业生产对环境的压力。这种机制采用了尖端的智能技术和数据处理方法，对农作物的成长进行了深入且精确的科学观察，不仅可优化资源的利用效率，还可在生产过程中有效地遏制环境污染。智慧绿色农产品供应链的合作机制不仅可促进农业经济效益的最大化，还可在优化生态系统结构与功能、保持农业自然资源平衡等方面发挥重要作用。

三、促进环境可持续发展

（一）提高废弃物处理能力

在智慧绿色农产品供应链合作机制中，废物处理的协同策略是实现环境效益提升的关键要素。供应链各参与主体通过共同制定废物处理标准，基于信息互通与技术共享开展废弃物减量研究，有效降低生产浪费，促进环境可持续发展。例如，应用智能物流管理系统和物联网技术实现废弃物追踪与收集，既能有效监控废弃物流动并防止过度堆积，减少环境污染，又能降低废弃物处理过程中的资源消耗。通过建立上下游废弃物回收收益共享机制，可以显著提升供应链的整体经济效益和环境效益（金友良和唐美德，2021）。这种基于合作机制的废弃物处理框架，已成为实现智慧绿色农业环境友好目标的有效途径。

（二）促进节能减排

在现代农业供应链管理中，通过合作机制实现农产品供应链节能减排的方法和路径已获得充分研究和实践验证。研究表明，智慧绿色农产品供应链各环节借助高效信息共享和智能分析等技术手段，能够显著减少资源浪费和能源消耗。例如，应用先进的物联网和信息技术，可实现对供应链资源使用情况的全方位监测和实时优化。这种信息共享机制不仅可强化供应链上各主体的资源利用意识，还能在发现能效问题时快速响应，有效降低能耗和减少碳排放，如通过部署智能监控系统可优化各生产环节的能源使用效率。同时，农产品供应链中的信息共享合作机制能促进供应链上下游成员之间的信息流通，提升供应链的持续运营能力，减少过度生产导致的能源消耗和碳排放。

第八章　智慧绿色农产品供应链合作机制的发展策略与建议

为了进一步推动智慧绿色农产品供应链合作机制的发展，推动农业绿色、高效发展，促进农村经济和农业产业可持续发展，政府和企业应共同努力，制定相应的发展政策和措施。

第一节　完善信息共享与合作机制

一、优化信息共享

政府应当强化农业信息化基础设施建设，提升农村地区网络覆盖水平与通信质量，为农产品供应链信息共享奠定基础保障。同时，政府应当推进统一数据标准与接口规范的制定，促进供应链各环节信息系统的互联互通与数据共享；支持供应链主体运用区块链技术构建安全可靠的农产品供应链信息共享平台，确保数据不可篡改且具有透明度，实现农产品生产、加工、仓储、运输及销售等全流程信息的实时记录与共享。

此外，政府应主导建设国家级农产品供应链信息公共服务平台，消除信息壁垒，实现跨部门、跨区域、跨行业的数据共享。在政策层面，政府需制定农产品供应链信息共享激励机制，对积极参与信息共享且数据质量优良的企业给予税收减免、财政补助、项目优先支持等奖励措施；同时对实施信息垄断或数据造假的企业采取处罚与信用惩戒等措施，营造良好的信息共享生态。

二、完善合作机制

（一）强化契约保障

政府应当制定农产品供应链合作契约的规范化指引，明确各类契约条款的核心要素及法律责任界定，为供应链合作各方提供标准化指导，降低契约订立风险。如针对收益共享类合作，规范收益计算方式及动态调整机制；对于回购契约，明确回购价格确定方法、产品质量验收标准及争议解决程序等关键内容，确保契约条款的严谨性和可执行性。同时，需建立健全供应链合作机制的执行监督与仲裁体系，加强对供应链契约履行情况的监管，及时调解处理合作纠纷。在处理纠纷时，可依托行业协会或专业法律服务机构组建仲裁委员会，依据法律法规和契约约定进行公正裁决，切实保障各方权益，维护供应链合作秩序。

（二）优化决策机制

政府应加大对农业大数据分析与智能决策技术的研发投入，通过财政补贴等方式鼓励产学研合作开发智能化决策工具。如建立基于机器学习算法的农产品市场需求预测模型、生产要素优化配置模型等先进工具，提升决策的科学性和精准度。供应链各方可合作建设农产品供应链决策信息共享平台，整合多渠道信息资源，实现数据实时更新与精准推送，为供应链各环节企业的经营决策提供全面的数据支撑，显著提高决策的时效性和针对性。

（三）明确利益风险分担

政府应指导供应链合作各方建立科学的收益分配与风险分担体系，综合考虑资源投入、风险承担及价值贡献等因素，合理确定分配比例与分担方式。例如，在农业保险领域推广"保险＋期货""互助保险"等创新模式，有效降低农业生产风险，保障农户和企业收益稳定性；设立供应链风险共担基金，由核心企业、政府部门和金融机构共同出资，专项用于应对重大自然灾害、市场剧烈波动等系统性风险，为受损主体提供紧急救助和合理补偿，全面提升供应链的抗风险能力。

（四）强化约束监督

政府应完善农产品质量安全法规制度，细化质量标准和监管规程，加大对违法行为的惩戒力度。例如，对制售伪劣农产品、违规使用农业投入品等行为，实施包括高额罚款、吊销许可证照直至追究刑事责任等严厉惩处措施，形成强有力的法律震慑。支持供应链主体运用物联网、区块链和人工智能等技术构建全程质量追溯与智能监控系统，实现供应链各环节的实时监测与数据分析，确保质量问题的精准溯源和快速处置，切实保障农产品质量安全。

第二节 促进供应链主体协同发展

一、提升农户智慧技术运用能力

政府应完善农户农业技术培训体系，整合农业院校、科研院所、农技推广部门等资源，结合不同地区和农产品的生产特点，开发定制化培训课程，内容涵盖智慧农业技术、绿色生产标准及质量安全管理等方面，全面提升农户的生产技术水平和管理能力。可采取"线上＋线下"的培训模式：线上通过农业知识应用程序和网络直播课程提供理论学习；线下组织专家深入田间地头开展实操指导，确保农户切实掌握新技术。

政府应积极培育农户合作组织，引导农户通过土地流转、股份合作等方式加入合作社或农业企业，提高农业生产的组织化程度和规模效益。政府应提供财政补贴、税收减免和信贷支持等政策扶持，如为新成立或发展中的合作组织提供启动资金补贴、税费优惠和低息贷款，增强其经济实力和服务能力，提升农户在市场竞争中的话语权。

二、强化合作社供应链协作

政府应完善合作社内部管理制度，建立健全民主决策、财务管理、利益分配、监督审计等制度体系，规范合作社运营流程。促进合作社联结分散的农户，通过土地流转、入股分红、订单农业等方式，与农户建立了紧密的利益联结机制，鼓励合作社通过统购统销的方式，减轻农户市场销售风险。鼓励合作社与政府、企业合作，由政府牵头、合作社担保，为农户申请低息农业贷款，鼓励农户积极提升农业生产效率。强化合作社与供应链上下游主体的合作，鼓励合作社与农业企业开展订单农业，建立稳定的供销关系；与物流企业合作优化配送流程，降低物流成本；与科研机构合作，引进新技术、新品种，提升农产品品质与竞争力。

三、加大对农业企业的政策支持

政府应加大对农业企业的扶持力度，引导其向智慧化、绿色化转型，深度参与智慧绿色农产品供应链建设。推动金融机构创新供应链金融产品，结合农业产业特点制定专项融资方案，促进产业高质量发展。为农业企业的技术研发和创新活动提供政策与资金支持,鼓励其开发绿色技术和智能技术,并促进新技术在供应链中的推广应用。

第三节 加强设施建设与技术支持

一、升级农业生产设施

政府应加大对智慧农业种植与养殖设施的补贴力度,鼓励企业和农户采用智能温室、水肥一体化系统、物联网传感器等设备,实现精准农业生产,提高资源利用效率和农产品质量。如设立专项补贴资金,对购置先进设施的主体给予一定比例的资金返还;推动农产品加工与包装设施的自动化和智能化升级,支持企业引进先进的自动化生产线、智能分级机和环保包装设备,减少人工成本,提高加工效率和产品附加值,同时降低包装废弃物对环境的污染。

二、完善冷链物流设施建设

政府应规划建设冷链物流基础设施,重点加强农产品冷库、冷藏车等设备的建设,优化冷链物流网络布局,提高冷链物流的覆盖率和服务水平,确保农产品在储存和运输过程中的品质。建立冷链物流信息平台,利用物联网、大数据等技术实现冷链物流信息的实时追踪和监控,提高物流效率和安全性,降低绿色农产品损耗率。同时,加强冷链物流标准的制定和推广,促进冷链物流行业的规范化发展。

三、促进质量安全追溯设施建设

政府应在供应链主体中推广应用二维码追溯系统、区块链技术等农产品质量安全追溯设施,实现农产品从生产到销售全过程的信息记录和可追溯,增强消费者对农产品质量安全的信任。政府可出台相关政策,鼓励农产品生产企业和销售商建立质量追溯体系,对符合标准的企业给予一定的奖励;加强对追溯设施建设和使用的监管,确保追溯信息的真实性和完整性;建立追溯信息共享机制,促进供应链各环节之间的信息流通和协同管理。

四、推动供应链库存协同管理

政府应鼓励企业建立库存协同管理机制,加强与供应商、销售商之间的信息共享和合作，实现库存的优化配置和协同调度。通过供应商管理库存或联合库存管理等模式，降低库存成本，提高供应链的整体效率。引导企业采用智能化库存监控设备，如 RFID 电子标签、无线温湿度传感器等，实现对农产品库存的实时监测和数据采集。利用大数据分析技术对库存数据进行深度挖掘，预测市场需求和库存变化趋势，制订精准的库存计划和采购计划，避免库存积压或缺货现象的发生。

参考文献

艾永梅. 绿色智慧供应链管理助推乡村振兴 [J]. 全球化, 2019 (3): 93-100, 136.

陈梦, 付临煊. "互联网+"背景下农产品供需信息平台建设博弈分析 [J]. 中国农业资源与区划, 2017, 38 (12): 221-226.

陈祢, 陈长彬, 陶安. 物联网技术在生鲜农产品冷链物流中的应用研究 [J]. 价值工程, 2020, 39 (20): 129-132.

陈晓丹. 试析提升公司产品市场占有率的方法 [J]. 科技与创新, 2014 (7): 115-116.

陈心怡, 蒋林倩, 周轶英. 社区O2O模式下电商果蔬农产品供应链管理创新研究 [J]. 商场现代化, 2023 (11): 17-19.

陈毅, 上官瀚宇, 杨建州. 农产品供应链管理模式演变分析 [J]. 现代化农业, 2021 (11): 56-59.

崔铁军, 姚万焕. 基于区块链技术的农产品供应链演化博弈研究 [J]. 计算机应用研究, 2021, 38 (12): 3558-3563.

崔瑜, 刘文新, 蔡瑜, 等. 中国农村绿色化发展效率收敛了吗——基于1997—2017年的实证分析 [J]. 农业技术经济, 2021 (2): 72-87.

戴金轩. 品牌竞争力提升策略探析 [J]. 品牌与标准化, 2023 (5): 184-186.

但斌, 陈军. 基于价值损耗的生鲜农产品供应链协调 [J]. 中国管理科学, 2008 (5): 42-49.

邓湘, 王代君, 周铭涛, 等. 基于"互联网+"的智慧农业大数据管理一体化平台研究 [J]. 信息通信, 2019 (5): 170-171.

董春岩, 刘佳佳, 王小兵. 日本农业数据协作平台建设运营的做法与启示 [J]. 中国农业资源与区划, 2020, 41 (1): 212-216.

董海侠. 新产品定价策略应用分析 [J]. 中国市场, 2016 (48): 37, 50.

范贝贝, 李瑾, 冯献, 等. 农产品智慧供应链体系高质量发展研究 [J]. 中国工程科学, 2023, 25 (4): 92-100.

范若曦. 基于产品绿色度的农产品双渠道供应链决策与协调研究 [D]. 成都：西南交通大学，2022.

方琳娜，尹昌斌，方正，等. 黄河流域农业高质量发展推进路径 [J]. 中国农业资源与区划，2021，42 (12)：16-22.

付豪，赵翠萍，程传兴. 区块链嵌入、约束打破与农业产业链治理 [J]. 农业经济问题，2019 (12)：108-117.

高光莉. 我国仓储管理现状及发展趋势 [J]. 现代经济信息，2014 (8)：149.

高隽莹. 农产品供应链运作模式与提质增效分析 [J]. 农村经济与科技，2022，33 (7)：237-239，243.

高鹏，孙智君. "互联网+"背景下的农产品绿色供应链优化管理研究 [J]. 农业经济，2021 (3)：141-142.

高强，穆丽娟. "合作社主导型农产品供应链"利益分配研究 [J]. 西部论坛，2015，25 (1)：8-15.

巩嘉贝，吴淑梅，邢倩，等. "双碳"背景下绿色包装技术发展对策探究 [J]. 科技风，2024，(26)：157-159.

关颖，王娟，许评，等. "互联网+"消费升级背景下江苏省生鲜农产品供应链模式发展研究 [J]. 现代农业装备，2024a，45 (1)：59-63.

关颖，许评，王闻环，等. "互联网+"背景下江苏省农产品供应链模式优化创新研究 [J]. 物流科技，2024b，47 (17)：136-138，156.

桂嘉越. 亚马逊跨境电商平台商业模式研究 [J]. 现代商业，2024 (16)：49-52.

韩光. 农业物联网技术在智慧农场建设中的应用与效益分析 [J]. 农业产业化，2024 (10)：81-84.

韩佳伟，李佳铖，任青山，等. 农产品智慧物流发展研究 [J]. 中国工程科学，2021，23 (4)：30-36.

韩俊德，杜其光. 物联网技术在生鲜农产品配送中的应用 [J]. 中国流通经济，2015，29 (12)：54-60.

韩喜艳，高志峰，刘伟. 全产业链模式促进农产品流通的作用机理：理论模型与案例实证 [J]. 农业技术经济，2019 (4)：55-70.

韩喜艳，刘伟，高志峰. 小农户参与农业全产业链的选择偏好及其异质性来源——基于选择实验法的分析 [J]. 中国农村观察，2020 (2)：81-99.

何欢，周永务，陈雨欣，等. 考虑农产品掺假行为的农业供应链生产决策与可追溯性技术采用影响研究 [J]. 系统工程理论与实践，2025 (4)：1-34.

何甜，刘志伟．农产品加工企业员工绩效考评方法探讨——以湖北省农产品加工企业为例［J］．经济视角（中旬），2011（2）：72-73．

胡鹤鸣，王应宽，李明，等．日本以农协为主推进智慧农业发展经验及对中国的启示［J］．农业工程学报，2024，40（8）：299-310．

胡森森，周林媛，解婷．农产品供应链区块链技术采纳决策［J］．科技管理研究，2023，43（7）：205-212．

胡祥培，都牧，孔祥维，等．基于区块链的农产品供应链溯源研究综述［J］．管理科学学报，2024，27（5）：1-12．

华连连，刘帅娟，王建国．专利视角下的供应链创新网络演化研究［J］．科研管理，2021，42（11）：99-109．

黄桂红，饶志伟．基于供应链一体化的农产品物流整合探析［J］．中国流通经济，2011，25（2）：29-32．

黄筱，黄业德，史成东．潍坊现代农业产业园智慧物流模式与系统设计［J］．经济师，2020（1）：185-187．

贾强法．"互联网+"时代我国农产品供应链发展模式探析［J］．现代商业，2017（1）：42-43．

江波．解析农业机械设备制造的特点和发展［J］．当代农机，2025（1）：53-54，57．

姜大刚．美国ADM公司的运作对农发行支持粮棉油等大宗农产品全产业链的启示［J］．农业发展与金融，2012（6）：90-92．

姜新荣．物联网下第三方物流资源优化配置理论及应用研究［D］．长沙：湖南大学，2017．

金会芳，吕宗旺，甄彤．基于物联网+区块链的粮食供应链金融的新模式研究［J］．计算机科学，2020，47（S2）：604-608．

金廷芳．农产品供应链模式创新研究［J］．商场现代化，2011（4）：97-98．

金友良，唐美德．供应链视角下废弃物资源化收益共享研究［J］．会计之友，2021（3）：48-55．

靳建峰，王琳．“区块链+平台”模式下农产品供应链信息协同研究［J］．物流科技，2022，45（6）：128-131．

康秀荣．宁夏农产品供应链高质量发展现状与对策研究［J］．物流科技，2022，45（16）：135 139．

蓝机满，周君．大数据技术在农业物联网中的应用［J］．电子技术与软件工程，2021（14）：176-177．

雷丽丽. 制造业企业库存管理存在的问题及对策研究 [J]. 商展经济, 2025 (3): 189-192.

冷志杰, 唐焕文. 大宗农产品供应链四维网络模型及应用 [J]. 系统工程理论与实践, 2005 (3): 39-45.

李昌兵, 汪尔晶, 袁嘉彬. 物联网环境下生鲜农产品物流配送路径优化研究 [J]. 商业研究, 2017 (4): 1-9.

李福夺, 杨鹏, 尹昌斌. 我国农业绿色发展的基本理论与研究展望 [J]. 中国农业资源与区划, 2020, 41 (10): 1-7.

李昊. 宁夏农产品质量安全工作现状及提升对策 [J]. 农技服务, 2024, 41 (9): 101-104.

李弘, 尚洲金, 梁加昕, 等. 区块链背景下绿色农产品供应链主体上链演化博弈研究 [J]. 供应链管理, 2024, 5 (5): 58-74

李惠, 郭涛, 贾凤伶. 创新价值链视角下中国智慧农业政策文本分析 [J]. 农业经济, 2023 (4): 6-8.

李惠. 高质量发展视域下中国"区块链+农业"发展分析及展望 [J]. 农业展望, 2020, 16 (9): 79-85, 92.

李剑, 易兰, 肖瑶. 信息不对称下基于区块链驱动的供应链减排信息共享机制研究 [J]. 中国管理科学, 2021, 29 (10): 131-139.

李墨霞. 农产品质量安全追溯管理模式研究 [J]. 农村经济与科技, 2023, 34 (20): 12-15.

李天颖, 贾周. 我国农业一体化建设中的问题及对策研究 [J]. 农业经济, 2016 (4): 15-16.

李欣泽, 邓昀, 陈守学. 基于物联网的智慧农业系统建设与思考 [J]. 智慧农业导刊, 2021, 1 (5): 12-15.

李秀芬, 朱金兆, 顾晓君, 等. 农业面源污染现状与防治进展 [J]. 中国人口·资源与环境, 2010, 20 (4): 81-84.

李子君, 刘景景, 宋光明. 数字技术赋能农业绿色发展的技术逻辑与应用场景研究 [J]. 农业经济, 2024 (11): 25-27.

刘濛. 国外绿色农业发展及对中国的启示 [J]. 世界农业, 2013 (1): 95-98, 101.

刘锐, 聂莹, 孙永岐, 等. 优质农产品定价影响因素及对策 [J]. 农学学报, 2022, 12 (3): 86-91.

刘若斯, 刘丽芬. 农民专业合作社促进小农户和现代农业有机衔接: 基于"知识守门人"的视角［J］．湖湘论坛，2022，35（1）：121-128．

刘伟明．中国绿色农业的现状及发展对策［J］．世界农业，2004（8）：20-22．

刘秀玲，戴蓬军．农业产业化经营中供应链物流管理研究［J］．商业研究，2006（5）：183-187．

刘雪松．浅谈产品质量的重要性与控制方法［J］．电子工业专用设备，2020，49（3）：71-75．

刘助忠，龚荷英．"互联网+"时代农产品供应链演化新趋势——基于"云"的农产品供应链运作新模式［J］．中国流通经济，2015，29（9）：91-97．

罗雪桃．推进农产品质量安全追溯体系建设的思考［J］．农业与技术，2019，39（11）：28-29．

马士华，林勇，陈志祥．供应链管理［M］．北京：机械工业出版社，2000．

马小雅，陈海芳，冯夏滢．农产品供应链数字化对农业绿色生产效率的影响效应［J］．南宁师范大学学报（自然科学版），2024，41（3）：147-154．

梅雨微，马彬燕．黑龙江省农产品流通分析［J］．全国流通经济，2023（9）：24-27．

孟一，张玉华，徐奥杰，等．生鲜电商供应链管理现状及策略［J］．中国果菜，2023，43（9）：88-92．

米力阳，尚春燕．"互联网+"背景下绿色农产品供应链激励策略研究［J］．河南科学，2021，39（5）：846-851．

牟磊．浅谈设施农业对农业发展的影响［J］．河北农业，2024（11）：22-23．

牟宗玉，杨晓霞，李珂，等．智慧平台供应链的在线助农模式和融资策略研究［J］．中国管理科学，2024，32（8）：170-181．

聂笃宪，唐嘉燕，赵金英，等．基于人力资源约束和不确定需求的农产品供应链优化配置［J］．工业工程，2023，26（2）：111-122．

牛登霄，余晓洋，刘帅．供给侧结构性改革背景下农业企业转型升级路径研究——基于美国Cargil经验启示［J］．农村经济与科技，2017，28（21）：158-160．

潘海岚，黄婷．智慧城市建设能够促进企业绿色技术创新的"量质齐升"吗？［J］．南京财经大学学报，2024（4）：1-11．

浦玲玲．农产品供应链模式比较分析［J］．产业与科技论坛，2014，13（5）：20-21．

秦明旭，鞠轶，李琨．基于区块链技术的农产品供应链模式探究［J］．商场现代化，2021（14）：7-9．

邱劲. 区块链在农业中的未来应用分析 [J]. 中国农业资源与区划，2021，42 (10)：151-152.

邱晓君. 数商兴农视域下山东省生鲜农产品供应链模式发展研究 [J]. 现代商业，2024 (10)：15-18.

任嘉颖. 农业物联网技术在农业机械装备中的应用研究 [J]. 南方农机，2025，56 (2)：60-62.

茹蕾，于敏，张琦，等. 保障进口依赖型大宗农产品供应链安全研究 [J]. 国际经济合作，2022 (3)：52-63.

施连敏，陈志峰，盖之华. 物联网在智慧农业中的应用 [J]. 农机化研究，2013，35 (6)：250-252.

施晟. "农户+合作社+超市"模式的合作绩效与剩余分配 [D]. 杭州：浙江大学，2012.

施云清，余朋林. 智慧物流视域下农产品供应链运作模式优化 [J]. 时代经贸，2022，19 (12)：40-42.

石榴懿. 浅谈基于标准化物流技术的农产品供应链集成策略 [J]. 物流工程与管理，2023，45 (8)：91-93.

世界环境与发展委员会. 我们共同的未来 [M]. 王之佳，柯金良，等译. 长春：吉林人民出版社，1997.

宋则. 完善生鲜农产品供应链的理论和政策研究 [J]. 中国流通经济，2024，38 (4)：38-43.

宋则. 稳定农产品市场必须实行"反周期"调控 [J]. 上海商业，2013 (2)：6-7.

孙继成，关故章，何家海，等. 潜江市整体推进农产品标准化生产技术研究与应用效果 [J]. 安徽农业科学，2014，42 (35)：12650-12651.

孙帅. 基于博弈论视角下吉林省农产品加工企业智慧供应链利益分配机制研究 [D]. 长春：吉林农业大学，2023.

孙伟. 我国农产品供应链的主要模式 [J]. 上海供销合作经济，2024 (4)：16-17.

孙秀蕾. 从亚马逊发展模式看数字经济平台的"自我优待"行为及规制 [J]. 南方金融，2021 (6)：81-89.

孙衍林. 我国农产品供应链的发展探讨 [J]. 江苏商论，2008 (3)：42-43.

孙艺伟，郭婷，戴红君，等. 专利视角下全球智慧农业技术创新态势分析 [J]. 中国农业信息，2021，33 (4)：40-52.

谈晶晶，毛学伟，尚芬芬，等. 江苏省农业电子商务发展模式分析［J］. 安徽农业科学，2021，49（3）：235－237.

谭砚文，李丛希，宋清. 区块链技术在农产品供应链中的应用——理论机理、发展实践与政策启示［J］. 农业经济问题，2023（1）：76－87.

唐瑄，郑晓娜. 考虑参考价格效应和网络效应的新产品定价策略［J］. 企业经济，2020（4）：58－63.

万俊毅，韩亮，徐静. 现代农业产业园建设何以促进农民增收——基于产业集聚和结构升级的双重视角［J］. 农村经济，2024（6）：119－131.

王德胜. 绿色农业的发展现状与未来展望［J］. 中国农业资源与区划，2016，37（2）：226－230.

王梦丹. 基于微分博弈的绿色农产品供应链主体合作策略研究［D］. 镇江：江苏大学，2020.

王小叶. 试论农业产业化进程中的供应链管理［J］. 安徽农业科学，2011，39（26）：16280－16281.

王瀛旭，郭燕茹. 山东省农产品质量安全追溯体系建设现状及对策研究［J］. 青岛农业大学学报（社会科学版），2021，33（2）：35－39.

王之泰. 第三方物流理论与实践［J］. 中国流通经济，2018，32（3）：3－9.

韦永明，陈子武，王跃竹. 刍议现代农业农产品质量安全追溯体系构建困境及优化路径［J］. 南方农业，2024，18（22）：99－101+105.

温秀丽，余俊. 关于绿色农产品供应链运作模式的探析［J］. 物流科技，2015，38（2）：61－63.

温艳. 基于供应链管理的农产品产销对接机制优化研究［J］. 商场现代化，2024（21）：74－76.

吴艳华. 区块链在农产品供应链中的发展探究［J］. 农业经济，2022（12）：126－128.

肖迪，张新伟，潘可文，等. 采购赋能情境下平台供应链的库存风险共担策略研究［J］. 中国管理科学，2022，30（12）：198－210.

肖放. "十四五"时期我国绿色食品、有机农产品和地理标志农产品工作发展方略［J］. 农产品质量与安全，2021（3）：5－8.

谢美娥，高倩，陈秀云. 基于京东冷链的生鲜冷链物流研究［J］. 现代商贸工业，2021，42（11）：56－58.

谢妮. 顾客让渡价值视角下的区域特色农产品营销策略研究——以"武鸣沃柑"为例［J］. 广西经济，2023，41（2）：77－81.

谢琴. 品牌强农战略下粤北特色农产品供应链模式探究［J］. 黑龙江粮食，2024（8）：106－108.

谢艳乐，毛世平. 数字技术如何驱动农业全产业链融合发展——来自西瓜特色产业的经验证据［J］. 中国农村经济，2024（10）：64－83.

邢克. 企业市场定价研究［J］. 中国市场，2021（11）：121－122.

徐邵文，赵玛璠，钱静斐. 高质量发展目标下中国农业绿色发展研究的现状、热点与趋势［J］. 中国农业资源与区划，2024，45（7）：66－75.

徐万浩. 企业采购模式的发展与优化措施［J］. 今日财富，2024（32）：29－31.

闫初宇，李钊. 面向"大湾区+新通道"广西农产品的供应链模式优化策略研究［J］. 全国流通经济，2024（2）：12－15.

严立冬，屈志光，邓远建. 现代农业建设中的绿色农业发展模式研究［J］. 农产品质量与安全，2011（S1）：18－23.

杨涓，李玉岭，张原，等. 浅谈智能温室建设现状与发展前景［J］. 南方农机，2022，53（13）：36－44.

杨璐璐. 基于KMRW声誉模型的农产品供应链合作机制［J］. 中国流通经济，2019，33（8）：54－62.

杨敏，周耀烈. 物联网视角下农产品流通问题与对策研究——以杭州市为例［J］. 中国流通经济，2011，25（4）：11－14.

杨骞，王珏，李超，等. 中国农业绿色全要素生产率的空间分异及其驱动因素［J］. 数量经济技术经济研究，2019，36（10）：21－37.

杨维霞，贾县民. "智慧+共享"农产品供应链耦合效应评价研究［J］. 价格理论与实践，2021（5）：144－148.

杨欣，刘耀熙，魏津瑜，等. 区块链嵌入的天津农产品供应链治理模式研究［J］. 中国农机化学报，2023，44（6）：224－229.

杨学义，李新卯. 以第三方物流企业为核心的农产品供应链管理模式探析［J］. 西安财经学院学报，2011，24（1）：14－18.

尹昌斌，李福夺，王术，等. 中国农业绿色发展的概念、内涵与原则［J］. 中国农业资源与区划，2021，42（1）：1－6.

尹彦鑫，孟志军，赵春江，等. 大田无人农场关键技术研究现状与展望［J］. 智慧农业（中英文），2022，4（4）：1－25.

游军，郑锦荣. 农产品供应链研究进展［J］. 湖南农业科学，2009（10）：99－102.

余雪杰. 绿色供应链理论在农产品物流中的应用 [J]. 农业经济，2017（10）：97-99.

余永琦，王长松，彭柳林，等. 基于熵权 TOPSIS 模型的农业绿色发展水平评价与障碍因素分析——以江西省为例 [J]. 中国农业资源与区划，2022，43（2）：187-196.

袁胜军，黄立平，詹锦川，等. 射频识别技术（RFID）在蔬菜供应链中的应用研究 [J]. 安徽农业科学，2005（6）：1069-1070.

张军伟，费建翔，徐永辰. 金融支持对绿色农业发展的激励效应 [J]. 中南财经政法大学学报，2020（6）：91-98.

张垒. 大数据技术在智慧农业供应链信息集成管理中的应用 [J]. 电脑编程技巧与维护，2024（7）：103-106.

张伟. 自营物流与第三方物流选择思考 [J]. 东南大学学报（哲学社会科学版），2014，16（S2）：79-80.

张文林. 乡村产业高质量发展背景下农产品冷链物流网络布局优化研究——以河北省为例 [J]. 河北企业，2025（2）：30-33.

张小蓉，赵敏. 物联网视角下鲜活农产品流通问题及对策探析 [J]. 山西农业科学，2015，43（12）：1693-1696，1714.

张延龙，王明哲，廖永松. 入驻农业产业园能提高企业经营绩效吗？——基于全国 59384 家农业产业化龙头企业的微观证据 [J]. 中国农村经济，2022（4）：126-144.

张一山，姚雨辰，姜方桃. 江苏省农产品供应链模式研究 [J]. 物流工程与管理，2013，35（11）：90-92.

赵长青，傅泽田，刘雪，等. 食品冷链运输中温度监控与预警系统 [J]. 微计算机信息，2010，26（17）：27-28.

赵法库. 浅谈如何做好产品质量监督工作 [J]. 商业观察，2021（7）：94-96.

赵海燕，朱梦瑶，马峥，等. 现代农业产业园集聚效应研究——基于北京 8 家园区的实证分析 [J]. 中国农业资源与区划，2024，45（4）：178-189.

赵群，胡定寰. 超市建立生鲜农产品基地的案例分析 [J]. 安徽农业科学，2009，37（24）：11754-11756.

赵秀荣，崔佳. 我国生鲜农产品冷链物流配送路径优化研究 [J]. 农业经济，2018（5）：130-132.

赵乙橦，陈姿羽，王子德. 现代信息技术对农村经济发展的影响 [J]. 南方农机，2016，47（12）：40+42.

赵昱，王鑫山. 西方供应链理论的传播与发展——基于《哈佛商业评论》（1922—2023）的文献研究 [J]. 供应链管理，2024，5 (10)：23-32.

赵振强，张立涛，胡子博. 新技术时代下农产品智慧供应链构建与运作模式 [J]. 商业经济研究，2019 (11)：132-135.

郑红梅，全伟，严娟. 云南区域特色农产品绿色发展科技支撑对策研究 [J]. 安徽农业科学，2021，49 (8)：259-261.

钟思颖，李婷婷. 制造企业库存管理问题分析及优化研究 [J]. 中国物流与采购，2024 (21)：113-114.

周斌. 我国智慧农业的发展现状、问题及战略对策 [J]. 农业经济，2018 (1)：6-8.

周卫军，王凯荣，张光远，等. 有机与无机肥配合对红壤稻田系统生产力及其土壤肥力的影响 [J]. 中国农业科学，2002 (9)：1109-1113.

朱长宁. 基于消费者满意度的生鲜农产品供应链模式模糊综合评价——以南京市为例 [J]. 物流技术，2013，32 (23)：351-355.

朱艳新，黄红梅. 我国农产品供应链构建模式 [J]. 中国物流与采购，2011 (4)：68-69.

Almira N A, Rusfian E Z. Creating shared value in support of coffee [J]. Journal of Social Research，2023，2 (11)：4148-4154.

Arvanitis K G, Symeonaki E G. Agriculture 4.0：The role of innovative smart technologies towards sustainable farm management [J]. The Open Agriculture Journal，2020，14 (1).

Buth M C A, Wieczorek A J A, Verbong G P J G. The promise of peer-to-peer trading? The potential impact of blockchain on the actor configuration in the Dutch electricity system [J]. Energy Research & Social Science，2019 (53)：194-205.

Catalini C, Gans J S. Some simple economics of the blockchain [J]. Communications of the ACM，2020，63 (7)：80-90.

Choi T Y, Krause D R. The supply base and its complexity：implications for transaction costs, risks, responsiveness, and innovation [J]. Journal of Operations Management，2006，24 (5)：637-652.

Cooper M C, Lambert D M, Pagh J D. Supply chain management：more than a new name for logistics [J]. The International Journal of Logistics Management，1997，8 (1)：1-14.

Fathallah K, Abid M A, Ben H N. Enhancing energy saving in smart farming through aggregation and partition aware IoT routing protocol [J]. Sensors, 2020, 20 (10): 2760.

Fulton A. Efficacy of the ecosystem services approach in transitioning to regenerative agriculture in Australia [J]. Reinvention: An International Journal of Undergraduate Research, 2022, 15 (1).

Klerkx L, Leeuwis C. Matching demand and supply in the agricultural knowledge infrastructure: experiences with innovation intermediaries [J]. Food Policy, 2008, 33 (3): 260-276.

Martin. Logistics and supply chain management [M]. 4th ed. London: Pearson Education Limited, 2011.

Medina G, Thomé K. Transparency in global agribusiness: transforming Brazil's soybean supply chain based on companies' accountability [J]. Logistics, 2021, 5 (3): 58.

Muysinaliyev A, Aktamov S. Supply chain management concepts: literature review [J]. IOSR Journal of Business and Management, 2014, 15 (6): 60-66.

Porter Michael E. Competitiveadvantage: creating and sustaining superior performance [M]. New York: Free Press, 1985.

Robinson C J, Malhotra M K. Defining the concept of supply chain quality management and its relevance to academic and industrial practice [J]. International Journal of Production Economics, 2005, 96 (3): 315-337.

Rodrigues F A, Ferreira V, Barbosa S E, et al. Food systems and food security: the role of small farms and small food businesses in Santiago Island, Cabo Verde [J]. Agriculture, 2020, 10 (6): 216.

Salin V. Information technology in agri-food supply chains [J]. The International Food and Agribusiness Management Review, 1998, 1 (3): 329-334.

Singh N K, Rai A K. Redefining sustainable agriculture for the 21st century by vertical farming [J]. Journal of Scientific Research and Reports, 2024 (30): 510-525.

Yan B, Yan C, Ke C, et al. Information sharing in supply chain of agricultural products based on the Internet of Things [J]. Industrial Management &

Data Systems, 2016, 116 (7): 1397-1416.

Yang L, Tang R. Comparisons of sales modes for a fresh product supply chain with freshness-keeping effort [J]. Transportation Research Part E: Logistics and Transportation Review, 2019 (125): 425-448.

Yang M. Research on accounting model on blockchain technology [J]. Modern Accounting, 2017 (9): 57-58.

Zhai Q, Sher A, Li Q. The impact of health risk perception on blockchain traceable fresh fruits purchase intention in China [J]. International Journal of Environmental Research and Public Health, 2022, 19 (13): 7917.

Zhu H, Liu C, Wu G, et al. Cold chain logistics network design for fresh agricultural products with government subsidy [J]. Sustainability, 2023, 15 (13): 10021.